# Железный лорд

Гайто Газданов

**Железный лорд**

Copyright © 2022 Indo-European Publishing

ISNB: 978-1-64439-719-0

# СОДЕРЖАНИЕ

# СОДЕРЖАНИЕ

# ЖЕЛЕЗНЫЙ ЛОРД

Я проходил однажды ранним зимним утром мимо парижских Halles[1] — в один из дней, когда бывает базар цветов. Мокрый и грязный асфальт был покрыт ровными квадратами белого, красного и желтого цветов, от которых отделялись разные запахи, смешивавшпзеся с особенным вкусом сырого парижского утра. Я только что вышел из невидимого облака того кислого и дурного воздуха, который характерен для Halles, — смесь гниющей капусты с терпким и точно прилипающим к лицу запахом сырого мяса; промокших овощей, — и все это сквозь отвратительные испарения старых и мрачных домов, населенных собирателями окурков, тряпичниками, торговками, проститутками за пять франков — всеми этими существами, похожими на влажную ночную слизь; и, выходя из этого квартала, я долго не мог отделаться от навязчивого ощущения того, что мое платье прилипает к телу, что это зловоние все преследует меня, — хотя уже начинались набережные Сены и place St.Michel, где все было немного чище и лучше; над городом неподвижно стоял влажный, слепой туман, сквозь который с возрастающим и потом стихающим шумом слышались звуки проходящего трамвая, проезжающей повозки на высоких колесах, шуршанье шин автомобилей.

И в тот день, когда я проходил мимо Marche aux Fleurs,[2] мне бросились в глаза бесчисленные розы, расставленные на земле. Сколько мне помнится, я никогда не видел такого количества роз. Они казались особенно неуместны мне здесь, — как они неуместны вообще где бы то ни было, кроме сада, в котором они растут, — все эти жалкие, увядающие цветы в ресторанах, магазинах, или в квартирах, или в ложе мюзикхолльной пожилой красавицы, где они вянут в таком оскорбительном соседстве.

Они хороши только тогда, когда сопровождают чью-нибудь смерть.

И я подумал, что уже видел однажды очень много роз; и все то, что предшествовало их появлению, вдруг сразу возникло в моей памяти — так же свежо и сильно, как этот запах цветов.

---

[1] Центральный рынок (фр.).
[2] Цветочного базара (фр.).

1

Мне было тогда восемь лет; это происходило в большом южном городе России, в высоком шестиэтажном доме, принадлежавшем другу моего отца; он стоял на окраине города, недалеко от городского парка, — улица была такая широкая и большая, застроенная особняками, ровная и светлая; громадные окна выходили в сады — и всегда на этой улице стояла особенная, несколько торжественная тишина, точно и дома, и люди питали друг к другу безмолвное уважение; потом, много лет спустя, где-то во французской провинции я видел нечто похожее. — Далеко живете, — говорили моей матери знакомые. — Уж очень здесь хорошо, — отвечала она. Это было до войны, и в те времена на той улице было, действительно, хорошо и все шло так спокойно, тихо и без труда, как если бы медленно текла широкая и светлая река, вдоль ровных берегов, — ничем не смущаемое, равномерное и точно забывшееся в самом себе движение; так проплывали целые длительные годы, без толчков, без волнений, со сказками Андерсена в тяжелом тисненом переплете, с немецкими и французскими уроками: Ein Esel war mit Salz beladen... ein Kaufmann ritt einmal... il fut une fois...,³ — с медленными и неуверенными гаммами, которые играла моя пятилетняя сестра, предварительно посаженная на взвинченный до конца табурет перед пианино; и, сидя так высоко, она изредка посматривала вокруг себя немного испуганными детскими глазами и потом снова принималась нажимать с некоторым усилием клавиши, которых было так много и все только черные и белые. Внизу был двор, непохожий на другие, посыпанный гравием, в конце двора будка и в будке громадный белый пес, которого никогда не отвязывали, и только ночью он бегал по двору с особенной длинной цепью, заканчивавшейся роликом, который катился по проволоке, протянутой на высоте человеческого роста, — как какой-то неправдоподобный живой трамвай. Он ел с рычаньем кости, которые ему приносили, — и все мы были уверены тогда, что это самая большая собака в мире.

У нас было не очень много знакомых, некоторых из них я не знал, с некоторыми разговаривал, — как, например, с m-me Berger, старой француженкой; которая лет двадцать или тридцать тому назад приехала непосредственно с rue de Provence в Париже на Епархиальную улицу этого русского города, — и это было вообще единственное и, я думаю,

_____

³ Осел был нагружен солью... однажды ехал купец верхом... (нем.), это было однажды... (фр.).

2

последнее путешествие в ее жизни. Она была маленькая, очень живая старушка, говорившая с необыкновенной быстротой, так что я с трудом понимал ее: по-русски же она знала всего несколько слов, — но это было неважно, так как из того, что она произносила, можно было разобрать только слово «хорошо»; все остальное было совершенно непонятно, а многосложных слов с меняющимися ударениями она никак не могла произнести. Она иногда. спрашивала мою мать, как будет то-то, или то-то по-русски; мать говорила, особенно медленно, произнося; тогда m-me Berger зажмуривала глаза и пыталась. повторить слово — иногда ей это удавалось, но она тотчас же его забывала. — Боже мой, — говорила она, — но насколько же проще французский язык! И зачем такие трудности? — Много лет она преподавала французский язык, но потом вдруг неожиданно перестала учить правилам грамматики и последовательности времен своих учеников и учениц, заперлась у себя на две недели, никуда не показывалась; и в один прекрасный день на ее двери появилась белая картонная карточка, прикрепленная четырьмя кнопками под медной дощечкой с ее фамилией: «M-me Berger, lecons de francais»,[4] и к этому прибавилось: «voyante».[5] И она стала заниматься гаданием. Престиж ее в этой области был чрезвычайно велик, и количество посетителей таково, что уроки она вскоре прекратила вовсе. Она предсказывала богатство, любовь, огорчения, она гадала даже мне, держа в своих маленьких сухих руках мою руку, — помню, что она сказала: — A l'agede 14 ou 15 ans tu auras une desaventure,[6] — и я не знал этого слова. Предсказание ее оправдалось, впрочем, хотя и не в том виде, в котором она, наверное, его себе представляла. К нам она приходила отдохнуть, как она говорила, и побеседовать немного о литературе, к которой она питала слабость; меня она научила, как надо читать — «с чувством» — «Разбитую вазу» Сюлли-Прюдома, которую я долго помнил наизусть; я выучил ее одновременно с песней; которую в те времена пела наша кухарка с мечтательными синими глазами на огненно-рыжем лице «По диким степям Забайкалья, где золото роют в горах...» — Что же там — и степи, и горы? — спросил я ее. — Все, — ответила она.

---

[4] «Мадам Берже, уроки французского» (фр.).
[5] «ясновидящая» (фр.).
[6] В возрасте 14–15 лет у тебя не будет интрижек (фр.).

Потом появлялся Василий Николаевич, приятель моего отца, юрист и математик, высокий человек лет сорока, смеявшийся всегда только глазами и необыкновенно чистый. Все с ног до головы было на нем поразительно чистое, начиная от белого, как сахар, воротничка и кончая сапогами, сверкавшими, как зеркало. Волосы его лежали один к одному, особенно бережно и в порядке: их было у него, по его подсчету, около трехсот — как он однажды сказал своей жене, когда она заметила ему, что он скоро совсем облысеет: — Нет, у меня осталось около трехсот волос.

Потом подумал и прибавил: — Я думаю, даже несколько больше.

У них была дочь, барышня лет девятнадцати, и о семейной жизни Василия Николаевича ходили разные неправдоподобные слухи; но было очевидно, во всяком случае, что не все там было благополучно. Он был очень сдержан, всегда вежлив со своей женой, женщиной чувствительной и необыкновенно вздорной, которой вообще спокойствие было совершенно чуждо — так же несвойственно, как несвойственно зрение слепому. Если она прочитывала какую-нибудь книгу — чем она не злоупотребляла, так как ее личная внутренняя жизнь, состоявшая, на первый взгляд, из совершенных пустяков, настолько ее поглощала, что ей не было времени читать, — то книга непременно оказывалась или изумительной, или потрясающей, или абсолютно отвратительной; и все было построено на превосходных степенях. У нее был прекрасный голос, но она злоупотребляла богатством его интонаций, и в одном обыкновенном разговоре ее непременно слышался и высокий и жалобный тон, и трагический полушепот со свистящими и шипящими «с» и «ш», и даже нечто, отдаленно напоминающее басовые ноты, но как-то особенно минорно звучавшие, вроде заглушенных звуков забывшего вовремя остановиться церковного органа. Самое ничтожное событие вызывало в ней целую бурю чувств, тотчас же принимавшую характер чисто звукового феномена — как говорил ее муж. Она кричала, кусала себе руки, глаза ее наливались кровью, — итак странно и беспомощно звучал сдержанный голос ее мужа рядом с ней — точно робкие звуки скрипки в гигантском духовом оркестре, — что особенно оттеняло его печальность и безнадежность. — Ну, моя дорогая, не надо, успокойся... Нет, — кричала она, — не желаю, пусть все знают!

И она начинала рвать на себе платье, и Василий Николаевич удерживал ее руки.

Однажды рано утром она пришла к нам; черные грозные

4

волосы ее были непричесанны, глаза были красные, надето на ней было что-то вроде капота; она вошла в гостиную, упала — буквально упала — в кресло и неподвижно осталась лежать, покуда ее не спросили, что с ней. Она подняла, к потолку красные глаза и сказала почти беззвучно:

— Ничего. Он умер. — Кто?

Лорд. Лорд был старый, необыкновенно умный и необыкновенно ленивый пойнтер ее мужа. Уже давно его не брали на охоту, ему было около двадцати лет. Я помню его громадную неподвижную. голову — он всегда лежал на ковре, положив ее на лапы, — его полное тело с заплывшими мускулами и почти человеческие, печально-насмешливые глаза. Он уже даже не лаял, только изредка глухо рычал, не делал никаких движений, и лишь хвост его шевелился несколько раз в течение дня. Два раза в день он покидал свое место и выходил во двор, однажды я даже видел его за воротами; это было ранней весной, в сезон «собачьих свадеб»; по улице пробегала небольшая сука странной породы, что-то вроде помеси пуделя и левретки, и за ней следовало пять или шесть кобелей разных размеров, огрызавшихся друг на друга; черный громадный пес был впереди других. Лорд стоял у калитки, низко опустив голову, точно готовясь к прыжку или бегу, потом повернулся и медленно пошел к себе. Ну, старик...

— сказал ему полунасмешливо-полупочтительно Василий Николаевич, — иди спать. Это не про нас. — А в молодости Лорд был силен и неутомим, его прозвали Железный Лорд; он, по словам Василия Николаевича, был лучшей собакой, которую ему приходилось видеть за всю его жизнь; и его физические качества сочетались с необыкновенным умом и исключительной храбростью; он вцепился однажды в шею верховой лошади, которая понесла Елену Власьевну, жену Василия Николаевича, и, по ее словам, «он, конечно, жертвуя своей собственной жизнью, спас мою — и, впрочем, напрасно, — прибавляла она тотчас же, — потому что если бы бедный Железный Лорд знал, что она будет состоять из непрерывной цепи таких мучительных и бесконечных страданий, то он не совершил бы этого поступка». Несмотря на то, что Лорд был очень стар, слаб и беспомощен, несмотря на то, что отвыкшее от всякого физического усилия его тело располнело и утратило точность своих форм, несмотря на его неуверенную походку с подгибающимися лапами — все-таки при одном взгляде на него становилось понятно, почему эту собаку прозвали Железным Лордом; было нечто — так же трудноуловимое, как в любом человеке, — что все же сохранилось в нем.

В течение трех дней Железный Лорд умирал. Он ничего не ел, не пил, не двигался со своего места, только изредка судорожно вздрагивал. Василий Николаевич подходил к нему и гладил его, и Лорд, уже не могщий поднять голову, только следил глазами за Василием Николаевичем. И Василий Николаевич, такой аккуратный, такой неумолимо чистый, ложился на пыльный ковер в своем выглаженном костюме рядом с Лордом и разговаривал с ним, и говорил такие странные вещи, которые никак нельзя было ожидать.

— Мы умираем, Железный Лорд, — говорил он. — Подожди немного, а? Не можешь? А я еще жду, Лорд, не надо умирать: Ты был так силен, Лорд. А помнишь волка в Тверской губернии? А помнишь Сибирь, Лорд? Ты мой самый старый и самый лучший товарищ; Лорд. Подожди, Лорд, не уходи.

И он проводил целые часы с собакой. В вечер, предшествующий смерти Железного Лорда, Василий Николаевич был у нас в гостях, но оставался недолго и сказал только несколько слов, остальное время молчал, неподвижно глядя в свой стакан с остывшим чаем. — Что с вами, Василий Николаевич? — Извините, мне надо уйти: Лорд умирает.

Поздно вечером, когда Василий. Николаевич ушел в свой кабинет, а Елена Власьевна еще не возвращалась, Железный Лорд сделал невероятное усилие и поднялся со своего места, но тотчас же упал. Потом он медленно пополз к двери, выбрался на двор, залез в самый темный угол сарая, и рано утром, после долгих поисков, Василий Николаевич и Елена Власьевна нашли его неподвижное тело с желтыми стеклянными глазами. Железный Лорд был мертв.

Все это утро Елена Власьевна провела у нас и говорила о Лорде, причем выходило так, что, в сущности, Лорд всю свою жизнь прожил для Елены Власьевны, а она, в свою очередь, все свободное время посвящала заботам о Лорде, — что ни в малейшей степени не соответствовало действительности. Но смерть Лорда была только поводом для еще одного монолога Елены Власьевны, кончившегося истерикой, слезами, рыданиями, — в общем — очередной катастрофой, одной из катастроф, которые имели ту необыкновенную особенность, что, несмотря на — многолетнюю привычку к ним всех, кто знал Елену Власьевну; они все же производили каждый раз впечатление чего-то нового н по-иному трагического, чем то, что было до сих пор. Катастрофы же эти повторялись почти ежедневно, и кто-то даже сказал однажды Василию Николаевичу, что место в раю ему давно уже готово за длительность христианского терпения.

В сущности, казалось совершенно непонятным, какие могли быть основания для «беспрерывной цепи мучительных и бесконечных страданий» Елены Власьевны, — потому что каждый раз, когда выяснялась причина ее очередной истерики, она оказывалась таким пустяком, о котором не стоило говорить. — То выяснялось, что горничная прожгла носовой платок Елены Власьевны с инициалами М.А., который, оказывается, был подарен ей двадцать Лет тому назад рано умершим поэтом — само существование которого представлялось чрезвычайно сомнительным, — давшим ей этот платок и поставившим буквы М.А., чтобы это было непонятно для непосвященных. и что должно было значить Mon Amour,[7] — и за которого Елене Власьевне, в сущности, и следовало выйти замуж, так как он был богат, красив и даже знаменит что представлялось уже совершенно невероятным, и с ним Елена Власьевна, конечно, могла бы быть счастливой, так- же, как и он с ней. — Но он ведь умер. — Если бы он женился на мне, он бы не умер, говорила Елена Власьевна, и оставалось только предположить, что женитьба тайного и знаменитого поэта открыла бы ему возможность такого блистательного, такого невероятного счастья; что сама смерть отступила бы от него — или, во всяком случае, поэт сделал бы все усилия, чтобы не, умереть и не лишиться этого счастья. Но в результате он все-таки умер, — и кто-то даже предположил, что, в сущности, у Василия Николаевича есть. решительно все основания завидовать судьбе этого человека, с которым он охотно поменялся бы ролями, — особенно если бы все его отношение к Елене Власьевне должно было бы выразиться в подарке одного носового платка с буквами М.А. и ранней смерти, которая несомненно и окончательно оградила бы его от созерцания бесконечной цепи страданий Елены Власьевны и вообще того блистательного счастья, о котором шла речь.

То оказывалось, что вскоре к Василию Николаевичу должна приехать на два дня его богатая тетка путешественница и что в течение этого времени Елена Власьевна будет лишена «даже того элементарного комфорта, который она сумела себе создать», и все решительно в этой фразе было неверно с начала до конца: начиная с того, что вся громадная квартира Василия Николаевича принадлежала Елене Власьевне, а у него самого был только небольшой кабинет, остальные комнаты были — желтый будуар Елены Власьевны, голубой будуар Елены Власьевны, красный будуар и т. д.; и кончая тем, что весь этот

---

[7] Моя Любовь (фр.)

элементарный комфорт был создан Василием Николаевичем и участие Елены Власьевны в его созидании выразилось, может быть, в четырех истериках. Приезд тетки, впрочем, был действительно обременителен, так как она была громоздкой женщиной с чемоданами — женщиной, тоже в своем роде очень русской и очень замечательной. Она родилась в Калуге, с ранних лет мечтала о путешествиях; и когда ей исполнился двадцать: один год и. ее отец, чрезвычайно богатый человек, отделил ей часть своих доходов, она тотчас же уложила свои вещи и уехала. С тех пор она уже не останавливалась. Изредка от нее приходили письма из Бомбея или Парижа, из Сингапура, Брюсселя, Лондона или Сан-Франциско; года через два ее отец узнал, — все из писем, — что она вышла замуж в Глазго за какого-то шотландца, бывшего пастора, «вернувшегося в мир»; но бывший пастор не вынес длительного совместного путешествия и умер однажды в Балтиморе, после чего получились два письма с траурным ободком и фотография великолепной могилы с гигантским мраморным памятником и с длинной эпитафией наполовину по-английски, наполовину по-латыни, и только внизу было приписано два слова по-русски: «спи спокойно», как насмешливое пожелание спокойной ночи в этом, уже несомненно последнем, путешествии бывшего пастора; причем, в довершение всего, местный мраморных дел мастер, ввиду недостаточного, по-видимому, знакомства с русским алфавитом, вместо «п» поставил «н», так что вышло «сны спокойно»; а, впрочем, может быть, он разгадал натуру русской вдовы и, разгадав ее, понял, что она никогда больше сюда не вернется и никаких претензий к нему не предъявит. И тётка поехала дальше, и вновь стали приходить письма то из самой глубины Африки с датой: «11 ноября» — и местом: «негритянский поселок», без названия, «300 километров от океанского побережья», то из Берлина, из гостиницы «Бельведер», то с Юконского озера, то из Мадрида. Примерно раз в два года приходило письмо подлиннее с цитатами преимущественно из испанских лириков и с фразой о том, что «я любила одного человека, но он оказался не тем, за кого я его принимала», потом лет через шесть опять пришло письмо с известием, что тетка вышла замуж за португальского консула в Мельбурне. — Она даже прожила с мужем около трех недель, но потом снова уехала, так как собиралась провести несколько дней в «той части западной Испании, которую мы так плохо знаем, которая, однако, вдохновляла Кальдерона и куда я так давно собиралась поехать». Наконец, через двенадцать лет путешествия, она

8

попала в Россию — по дороге в Японию — и прожила три дня в Калуге, в доме своего отца. У нее было восемнадцать чемоданов с книгами, платьями, складными палатками, негритянскими божками, амулетами, небольшими весами, вроде тех, какие бывают в гастрономических магазинах (для меновой торговли с туземцами, не знающими употребления кредитных билетов, — объяснила она), дипломом доктора, honoris causa[8], какого-то боливийского университета, многочисленными фотографиями разнообразных развалин; камбоджийских храмов, страшно щелкавшим винчестером, револьверами крупного калибра; не хватало только нескольких скальпов — как сказал ее отец. Тетка бегло говорила на всех языках и даже по-русски; впрочем, она иногда задумывалась, ища нужного слова; и никак не могла его вспомнить; помнила прекрасно, как это будет по-испански и даже на наречии каких-то серебристых негров, о которых во всей Калуге никто решительно ничего не знал, — но по-русски не могла вспомнить; правда; это случалось с ней редко, так как память у нее была изумительная.

Но биография этой женщины, при всей ее странности и неудобности, имела та несомненное достоинство, что она протекала, не задевая ничьих интересов и усложняя только собственную жизнь тетки; в то время как существование Елены Власьевны, заключавшее в себе только два события — замужество и рождение дочери, — загромождало жизнь нескольких людей и создавало вокруг себя такое количество напрасных и бесполезных чувств; которого не вызвали бы все бесчисленные путешествия тетки Василия Николаевича, на время пребывания которой Елена Власьевна демонстративно переехала в гостиницу, в чем не было решительно никакой надобности.

То у Елены Власьевны исчезал или околевал один из обитателей ее аквариума или террариума — золотая рыбка, или тритон, или ящерица; и тогда опять начинались сцены со словами а том, что жизнь маленького существа нисколько не менее ценна, чем жизнь человеческая; что даже в этом Елена Власьевна осуждена на страдания, — хотя вина в этом случае была Елены Власьевны, так как она очень мало заботилась о своих рыбах и тритонах, и если многие из них жили довольно долго, то это объяснялось только тем общим обстоятельством, что животные с холодной кровью могут продолжительное время оставаться без пищи. Слова, которыми Елена Власьевна

---

[8] почетного (лат.).

излагала свои бесконечные переживания, всегда поражали своей торжественностью.

Главное ее слово, появлявшееся. в действительно бесчисленных комбинациях, было слово «страданье». — Мне было так хорошо, что я даже начала страдать от этого, — говорила она. Потом были слова — «подвиг», «жертва», «вся жизнь», «во имя любви», «во имя. долга»; потом опять «страданье»; затем «чувство», «бесконечная боль»; «невыносимая боль», «мучены»; «тоска» и все производные от этик слов, все глагольные формы, все прилагательные, — существительные, причастия, деепричастия и вообще все, чем богата русская грамматика:.

Оставалось только непонятным и необъяснимым, почему Василий Николаевич продолжал жить вместе с Еленой Власьевной. Он был достаточно богат, чтобы обеспечить ей совершенно, безбедное существование; и вместе с тем, он, не проявляя никаких признаков обожания или особенной любви к Елене Власьевне, все же оставался с ней и продолжал. изо дня в день молчаливо и покорно переносить все эти нескончаемые катастрофы: Что удерживало его подле этой женщины? Правда, она была красива — особенно тогда, когда ее лицо не было обезображено ни судорожными гримасами, ни опухшими от долгого плача глазами и носом; но было очевидно, что ее красота безразлична ему. У нее бывало довольно много поклонников; но никто ив них, ни один человек не мог вынести ее разговора в течение хотя бы одного часа, а она обычно говорила без умолку и все- о подвигах и мучениях. В результате она оставалась одна, Василий Николаевич уходил. из дому, нередко на целый день; ссылаясь на воображаемые цела, дочь большую часть года проводила у деда и бабушки, лишь изредка приезжая домой, — она была очень умной, независимой и гордой девушкой и матери своей совершенно не выносила — .настолько же; насколько любила отца. И Елена Власьевна оставалась одна в пустой квартире со своими. страданиями и слезами и принималась то читать — но долго она читать не могла, так как была. слишком нервной, — то вызывать горничную и делать ей сцены, так же, как она их делала своему мужу; то наконец, обессилев и устав с утра на целый день, она ложилась на диван и лежала очень долго, глядя в стену или потолок. Но и у нее было что-то невысказанное. Нельзя было понять, почему какой-нибудь совершенный пустяк вызывал у нее душевное потрясение; и надо было думать; что всему этому предшествовало что-то действительно очень важное, третье,

10

может быть, событие в ее жизни, о котором она, однако, никогда не говорила.

Были первые дни ноября, когда Василий Николаевич, придя однажды к нам и как-то неловко, необычно усмехнувшись, спросил мою мать:

— Скажите, вы хорошо считаете?

— Нет, я никогда не была сильна в математике. Но что касается, скажем, четырех правил арифметики, то я их произвожу, как все люди на свете.

— Вы можете сложить эти цифры?

И он протянул бумажку, на которой было написано:

$$11$$
$$124$$
$$335$$
$$14015$$
$$29$$
$$7$$
$$3572$$
$$10002$$
$$789$$
$$987$$

— Конечно.

Она сделала подсчет и сказала:

— Получается 29871.

Он опять так же улыбнулся и потом сразу нахмурился.

— А у меня вышло 17690. И я кончил математический факультет. Благодарю вас.

И он повернулся, чтобы уйти, затем задержался на минуту и прибавил:

— Я подсчитывал это, одиннадцать раз, и каждый раз результат получался другой, все было разно. И, уже точно говоря сам с собой, сказал:

— В сущности, разве можно было в этом заблуждаться?

Потом опять остановился, точно не решался уйти, наконец, попрощался, сказал «всего хорошего» и пошел. Я открыл ему дверь: она выходила на широкую лестницу. Василий Николаевич взял мое лицо в свою большую руку, пристально посмотрел в мои глаза, так что. мне стало немного страшно, и затем произвел какой-то странный звук, похожий на икоту, — и потом стал медленно спускаться по лестнице.

— Прощай, Коля, — сказал он, спустившись на один этаж и остановившись в пролете.

— До свиданья, Василий Николаевич.

— Прощай, мой мальчик. Помнишь Железного Лорда?

— Помню, Василий Николаевич.

— Кланяйся папе; прощай.

В три часа ночи у нас в квартире раздался звонок. Мне снились в ту ночь какие-то маленькие солдаты, которые переходили через длинное поле ржи, незримые между колосьями; впереди шел барабанщик с небольшим серебряным барабаном; в стороне Железный Лорд делал стойку, тут же был необъяснимым образом видимый Закон Божий и какие-то индейцы; я не мог разобраться в этом сложном сне и проснулся и тотчас же услышал звонок. Все в доме спали; детская была ближе всего к входной двери, и я голым пошел открывать дверь. На пороге ее стояла Елена Власьевна, непривычно спокойная, в вечернем открытом платье. — Мама спит? — Я думаю, спит, — сказал я.

Но мать уже проснулась, вышла в переднюю и сказала:

— Что случилось, Елена Власьевна? Коля, иди спать. Ты не знаешь, что голым нельзя ходить?

— Так это же ночью.

— Ночью тоже. Иди спать.

Елена Власьевна пришла потому, что Василий Николаевич, ушедший с утра, до сих пор, не возвращался. Он должен был прийти к ужину и затем отправиться в театр, но он не явился ни домой, ни в театр, и Елена Власьевна провела вечер одна, в ложе, ожидая мужа, которого не было. Она осталась у нас, прошел еще день, и только на следующее утро горничная открыла дверь высокому и необыкновенно представительному человеку в черном, наглухо застегнутом пальто и в тугих, слегка поскрипывающих перчатках. Он спросил, здесь ли находится Елена Власьевна.

Моя мать вышла вместо нее. Он низко поклонился и сказал:

— Вы — Елена Власьевна Смирнова?

— Нет, Елена Власьевна нездорова.

— Вы даете мне честное слово, что вы не Елена Власьевна Смирнова?

Мать посмотрела на него с тем высокомерным недоумением в глазах, которое заставляло теряться самых развязных людей.

— Я прошу прощенья, — почтительно сказал пришедший, — но дело в том, что это имеет чрезвычайно важное значение. Иначе я не позволил бы себе задавать вам вопрос, на который вы уже соблаговолили ответить.

— Честное слово, — сказала моя мать.

Он вздохнул.

12

— Я учился с Василием Николаевичем в гимназии и университете — и с тех пор я его не видел и не имел удовольствия знать его жену. Да, и дело в том, что в ночь на 12 ноября Василий Николаевич бросился под поезд, возле Карповского сада. Я сделал все, что нужно, похороны будут завтра.

И на следующий день я увидел тело Василия Николаевича в гробу, все с ног до головы покрытое громадными розами — совсем как те, что стояли на парижском асфальте Halles — так недавно, когда я проходил ранним утром в этих местах.

Василия Николаевича похоронили. Елена Власьевна не говорила ничего и не плакала, — и потом, уже через несколько месяцев после смерти своего мужа, она стала совсем иной — без сцен, без истерик, без катастроф — и оказалась милой и неглупой женщиной, сделавшейся еще красивее, точно расцветшей вновь, через столько лет тяжелой жизни.

И я бы никогда не узнал, что было причиной и этого неожиданного самоубийства, и той жизни, которая проходила тогда мимо нас, если бы много времени спустя совершенно случайно я не познакомился бы с содержанием обширного письма, которое оставил после себя Василий Николаевич с просьбой вскрыть через десять лет после его смерти. Это было даже не письмо, а толстый пакет аккуратно исписанных ровными буквами бельм ластов бумаги, где все события были изложены точным и сухим языком, с некоторыми следами привычки к чисто юридическому стилю, но без всякого метафорически шаблонного налета, который отличает статью адвоката или политика от статьи или письма обыкновенного человека. «В силу чрезвычайно странно слагавшихся обстоятельств частного и в некотором смысле персонального порядка я был вынужден, уклонившись от первоначальных догматических побуждений...»; но такие фразы попадались редко; чаще же шла обычная человеческая речь, речь сильного и честного человека, так трудно прожившего свою жизнь.

Василий Николаевич познакомился с Еленой Власьевной, будучи студентом третьего курса; и так как никакие причины ни с той, ни с другой стороны не препятствовали браку, то он очень. скоро женился на ней и был совершенно счастлив. «Тот, кто знал мою жену в последние годы нашей супружеской или, вернее, несупружеской жизни, — писал. Василий Николаевич; — тот получил о ней совершенное превратное представление». И. дальше:. «В день. моего брака с Лелей Железному Лорду: был год». Железный Лорд занимал много места в. письме Василия Николаевича. Он сопровождал Василия Николаевича

13

с женой во время их свадебного путешествия, которое происходило не за границей, среди чужих стран и чужих языков, а «в нашей прекрасной Сибири»: «Мы были на Амуре и на Иртыше, в. этой замечательной стране, еде я хотел бы кончить свою жизнь:; но только не так, не позорно и не неожиданно, как я буду вынужден кончить ее в ближайшее время». Верхом — и за лошадьми, то перегоняя их, то отставая, бежал, неутомимый- Лорд — они проехали несколько сот верст;. спали на свежем сене; и Василий Николаевич писал, что, прожив долгую жизни, он все же не знал ничего похожего, ничего даже отдаленно напоминающего то непередаваемое чувство, которое знают немногие; всей силой любящие женщину и понимающие; что значит спать. с любимой. женщиной в лесу или на- окраине деревни летней глубокой ночью и вблизи темно сверкающих вод громадной реки. «Железный Лорд был рядом с нами». «Этого нельзя передать, и это, наверное бывает раз в жизни» — в тот счастливый период, когда, как думал Василий Николаевич, каждый мускул человеческого тела легко подчиняется всякому движению, когда все гибко, сильно и молодо и когда женщине двадцать лет, «когда ты знаешь; что желудок, легкие и сердце существуют только в анатомических атласах, — но ты их не чувствуешь никогда». Несмотря на некоторые чисто стилистические недостатки описаний Василия Николаевича, я сразу почувствовал ту громадную свежую силу; которой была полна его тогдашняя; такая счастливая жизнь: Сибирские реки, сибирские просторы это было то, что еще так любил мой отец, и я знал их по его рассказам и по рассказам матери и. няни, так что; читая описание этого периода. жизни Василия Николаевича; я точно путешествовал. с ним по родной стране, где мне были известны все могучие, возможные только в. Сибири, повороты реки, легкий и точно небрежный; но неувядающий запах, смесь травы, цветов и земли; и мерный бег коня, и лай Железного Лорда, пригнувшегося к. земле для следующего прыжка вслед за быстро мелькающими ногами лошади, и смеющиеся, необычайно большие глаза Елены Власьевны, и холодное густое молоко- с черным хлебом, густо. посыпанным солью.

Потом шло описание петербургской жизни, ресторанов, кабаре; где они бывали, затем переезд в губернский город Средней России, работа в суде и беременность Елены Власьевны, описанная до мельчайших подробностей и с такими соображениями, которые не стыдно написать может. быть только человеку, который знает, что это прочтут только через десять лет после его смерти; — соображениями о том, когда именно и как, при каких обстоятельствах, могло произойти зачатие и когда Леля впервые почувствовала, что у нее будет ребенок. Все это было изложено в выражениях, которые представляли странную смесь вульгарности и нежности, — но нежность была так сильна и очевидна, что потом слова, вначале резавшие глаз, уже не казались оскорбительными.

Я прервал чтение на этом месте, на этик описаниях беременности, и снова задумался о том, что должно было произойти, чтобы сразу уничтожить все это и привести к «катастрофам и страданиям» и, наконец, к пустынной и холодной насыпи и сине-белым рельсам однажды ноябрьской ночью, двадцать лет спустя в год смерти Железного Лорда.

Это была поездка Василия Николаевича в Петербург. Его дочери было тогда уже два месяца; Василий Николаевич попрощался с женой и уехал на три недели. На второй день вечером, в театре, он познакомился с актрисой, игравшей. главную роль в пьесе «Мечта любви», название которой всю жизнь потом казалось Василию Николаевичу жесточайшей- и непоправимой иронией по отношению к его собственной судьбе. Она не была ни красива, ни грациозна; ни умна, она была только «прелестна и неотразима». «Так печально и глупо, — писал Василий Николаевич, — звучат теперь научные термины о полигамии и сексуальных аффектах, — на кой черт мне все эти объяснения и прочая ерунда; когда я исковеркал три жизни, и только в одном случае у меня есть возможность поступить так, как должен поступить порядочный человек; а в двух других это непоправимо». После театра, когда Василия Николаевича представил ей какой-то услужливый и отлично одетый альфонс из студентов, они поехали в «Самарканд» или еще куда-то, о чем Василий Николаевич писал как о вещах всем известных и па них не останавливался; я же не всегда знал, о чем шла речь, — я никогда не видел ни этих мест, ни их расцвета, так как все это происходило задолго до моего рождения: На следующий вечер Василий Николаевич опять был в театре — с тугим и колючим букетом цветов и каким-то браслетом, купленным наспех, — и поздно ночью, когда он сказал ей, в санях, «я вас люблю», — она прильнула губами к его рту, и в результате Василий Николаевич привез ее к себе и она осталась с ним до позднего и желтого петербургского утра. Так началось то, что Василий Николаевич называл «романом», каждый раз ставя это слово в кавычки, никогда не забывая этого сделать, — и если слово «роман» было без кавычек, это значило, что речь шла о Елене Власьевне. Это продолжалось полтора месяца, от Елены Власьевны вслед за письмами следовали длинные телеграммы; — и все шло так вплоть до того незабываемого дня, когда Василий Николаевич, пожелтевший и точно сразу постаревший на несколько лет, вышел из роскошной приемной доктора с непогрешимым знанием о том, чем он болен.

Была глубокая зима; он приехал к жене, но не поцеловал ее; распорядился стелить себе постель в своем кабинете, ничего не объяснил, ничего не сказал и прожил две недели, скрываясь от всех. Потом он начал выходить в столовую; но сказал жене, что он заболел каким-то душевным недугом, стал страдать чрезмерной брезгливостью и хочет; чтобы ему подавали все на отдельном приборе, и стал лечиться. Несмотря на то, что доктора уверяли его, что все кончено и нет ни болезни, ни тем более опасности заражения, он за много лет ни разу не прикоснулся ни к жене, ни к дочери. И тогда в доме стала постепенно создаваться та обстановка, которая в последние годы сделалась совершенно невыносимой. Только Железный Лорд оставался неизменным, — но день его смерти был днем окончательного решения Василия Николаевича раз навсегда покончить со всем. Только Лорд — и то если он помнил — сохранил неизменным в своем представлении то время, которое Василий Николаевич и Елена Власьевна провели в Сибири. «Это все, что осталось, — писал Василий Николаевич, — одно собачье воспоминание, и даже оно исчезло со смертью Лорда. В тот день я тоже должен был умереть»: Никакая сила в мире, ничто не могло ни воскресить это громадное и сложное счастье, которое совмещало в себе — в одной только мысли — Сибирь, к которой Василий Николаевич беспрестанно, с болезненной настойчивостью возвращался, и запах сена, и тело Лели, и ее глаза, и все, что происходило тогда, — ни воскресить, ни уничтожить так, чтобы сделать это небывшим, чтобы не было причины для смертельного и непрекращающегося сожаления.

Елена Власьевна никогда не знала, почему с ее мужем произошла такая неожиданная перемена. Но она любила его так, что не могла его оставить. Только тогда, когда ты перестанешь быть человеком и будешь трупом, — только тогда я уйду от тебя, говорила она ему. — Прости мне мои истерики и крики, прости мой невыносимый характер, прости за то, что я создала тебе такую жизнь, в которой всякий нормальный человек сойдет с ума. Но ты, — сказала она с необыкновенной силой всего своего голоса, ты знаешь, что это не моя вина.

В такие минуты она не плакала и не кричала. «Что я мог ей

сказать? Я не смел даже поцеловать ее руку», — писал Василий Николаевич.

За несколько месяцев до своего окончательного решения, раскрыв случайно почему-то попавшийся ему на глаза задачник, который Елена Власьевна купила своей дочери, когда та была во втором классе гимназии, Василий Николаевич начал перечитывать задачи. «Купец купил некоторое количество штук сукна, которое...» Он взял карандаш в руку и стал решать задачу. Ничего не получалось, ответы выходили в дробных числах, в то время как по условиям задачи это никак не должно было произойти. — Что за ерунда? — сказал себе Василий Николаевич. Был ясный день, сентябрь месяц, листья были уже почти желтые. Василий Николаевич снова принялся решать задачу и опять не мог. Тогда он вышел из дому, стараясь не думать об. этом и сказав себе, что он пойдет в парк, сядет под деревьями и тогда обсудит это странное положение: Он сел на скамейку, стал обдумывать это — и вдруг с необыкновенной, молниеносной быстротой понял. Он оглянулся вокруг, — не было никого, ничто не. изменилось: солнце светило сквозь еще густую листву. — Прогрессивный, — почему прогрессивный? — думал он. — Прогрессивный есть понятие положительного порядка, — вдруг сказал он по-французски. И с того дня он. уже знал, как все это должно кончиться. В последнюю минуту, он пришел к моей матери — это и был тот визит, когда он прощался со мной; — с отчаянной. надеждой, что, может, быть, он ошибается, что, может, быть, это вздорное пятизначное число под рядом цифр, которое — явно не могло выражать их суммы — это он видел, просматривая. в отдельности. каждое Слагаемое, — что это число вдруг, в силу сумасшедшего счастья, действительно есть то, что нужно, — и тогда ясно; что он страшно ошибается и что, может быть, не надо умирать.

Но число оказалось другим.

Он за несколько дней до этого в своих загородных прогулках выбрал место, где лучше: всего броситься под поезд, — хотя все-места одинаковы, говорил он себе.

Насыпь, рельсы, человеческое тело и судьба, которая примет на: секунду форму паровоза, весящего десяток тысяч пудов, — и конец. Он узнал, что экспресс Петербург — Ростов проходит в одиннадцать часов вечера, — и, в сущности, все уже было известно и нечего было. прибавить.

«Я не знаю, как они положат меня в гроб, писал он, — было бы хорошо, если бы можно было скрыть, что мое тело разрезано на куски колесами поезда: Мне бы не хотелось, чтобы Леля видела меня разрезанным».

Этим кончалось его письмо. «Было бы хорошо... чтобы Леля не видела меня разрезанным». Какое зловещее значение слово «хорошо», того самого, которое умела произносить m-me Berger!

Со дня его самоубийства прошло двадцать долгих лет. Елена Власьевна вскоре после его смерти вышла замуж за человека, который был десятью годами младше ее, — она была очаровательна и неизменно спокойна, как говорили о ней все, кто ее видел.

Через год после смерти мужа в длинном зеленом конверте, где красовалась на марке чудовищных размеров кокосовая пальма, она получила письмо с выражением сочувствия от путешествующей тетки Василия Николаевича. Она покачала головой и бросила его в корзину. Не знаю, вспомнила ли она в ту минуту; как в вечернем платье, чувствуя легкий холодок театрального зала на обнаженных плечах, в ноябре, всего год тому назад, она ждала прихода мужа в ложу, — и он не только не пришел в театр — но вообще больше никуда не пришел; и только разрезанное тело, на котором лежало такое количество роз затем чтобы они закрыли страшную полосу; отделившую голову от туловища, пронесли потом медленно и торжественно — сперва в дымную и высокую церковь, потом на далекое кладбище, заставленное крестами.

А я думал; как медленно уходил. Василий- Николаевич из нашей квартиры; и как, остановившись в пролете, уже пройдя первый этаж своего безнадежно-безвозвратного ухода; он остановился и вспомнил Железного Лорда...

И розы на Halles со сверкающими каплями воды на лепестках, — в липком и отвратительном парижском тумане; пропитанном легким и печальным запахом гнили.

18

# ВЕЧЕРНИЙ СПУТНИК

Это началось с небольшого недоразумения, которое произошло ночью, часа в два, в июне месяце, в Париже, лет десять тому назад. Я шел с северной окраины города домой и, дойдя до площади Трокадеро, сел на городскую скамейку, чтобы выкурить папиросу. Подходя, я увидел, что там уже сидел какой-то человек; и еще издалека можно было заметить — по опущенной голове, по особенной очевидной негибкости фигуры, — что это старик. Так и оказалось; я опустился на другой конец скамейки, вынул папиросу и закурил. Старик что-то пробормотал.

— Простите, — сказал я, — вы что-то сказали?

И тогда, неожиданно рассердившись, старик резко ответил:

— Да, я сказал, что даже ночью мне не дают покоя.

У него была круглая голова с седыми, редкими волосами, сердитые, черно-белые брови и неподвижное усатое лицо, точно сохранившее раз навсегда принятое выражение сдержанного бешенства.

— Извините, — сказал я, поднимаясь, — я не хотел вас беспокоить. — И я начал уходить. Вдруг неожиданно сильный голос, заставивший меня вздрогнуть от удивления, — настолько казалось невероятно, что он мог принадлежать этому человеку, которому на вид было лет восемьдесят, — остановил меня.

— Молодой человек!..

Я обернулся.

— Вы меня не знаете?

— Нет, monsieur.

— Действительно, не знаете? Вы не журналист? Вы можете мне дать слово, что вы не журналист?

Я ответил, что я действительно не журналист. Тогда, успокоившись, старик отрывисто сказал мне: Садитесь, — и я опять сел на скамейку. Была теплая июньская ночь, но воздух был свеж и влажен после недавно прошедшего дождя.

— Вы не француз? — так же отрывисто спросил старик.

— Нет, русский.

— То-то вас носит нелегкая в три часа ночи.

Я сказал в свое оправдание, что возвращался домой. Старик кивнул головой. Потом, через несколько секунд, спросил, сколько мне лет? Я ответил, он посмотрел на меня и

19

вдруг широко улыбнулся и, когда я спросил, что его рассмешило, сказал:

— Нелепость, несуразность всего. Вы знаете, что о моей смерти во всех газетах уже готовы некрологи; через полчаса после того, как я умру, вы можете об этом прочесть в любом издании.

И тогда то смутное воспоминание, которого я почти не сознавал, вдруг сразу прояснилось: уже минуту тому назад я, по-видимому, знал, что видел где-то, как нечто давно известное, эту характерную круглую голову и эти седые усы. Когда я привык к неверному свету фонарей на площади, я рассмотрел глаза моего собеседника, идеально выцветшие и имевшие такое странное выражение, которого я никогда ни у кого не замечал — что-то вроде удивительного смешения свирепости и печали.

Я ответил ему, что это профессиональная черта и что она меня всегда возмущала, — как возмутительно, хотя и естественно, отношение к смерти могильщиков и служащих бюро похоронных процессий; сказал, что иногда это мне казалось настолько отвратительным, что я находил утешение только в иронической справедливости судьбы — и этих людей будут хоронить с тем же изуверским равнодушием их же коллеги. И я рассказал старику, как, во время гражданской войны в России, умирал от тифа один из моих товарищей, и у его койки, крутя папиросу неверными пальцами, стоял мертвецки пьяный фельдшер Феофан, который рассказывал какой-то анекдот, и когда я его спросил, есть ли какая-нибудь надежда, он посмотрел на меня мутными глазами и ответил:

— Чудак ты человек. Не видишь, — кончается к чертям, — а ты спрашиваешь. Посмотри на его морду, — не видно, что ли?

А через несколько месяцев — и чуть ли не на той же койке санитарного вагона — умирал фельдшер Феофан, раненный осколками снаряда в живот. В пустых глазах его, уже принявших предсмертное свинцовое выражение, стояли слезы, он повторял: Боже мой, неужели? Боже мой, неужели? — Все, что он когда-либо знал или думал, уже умерло, уже не существовало для него в эти минуты; и он уходил от нас, унося из всего, что было, только эту одну фразу: «Боже мой, неужели»? — а до этого он думал всегда, что не верит в Бога и не боится смерти, и в жизни своей был, может быть, прав, а теперь ошибался, умирая. Но и понятие об ошибке уже не существовало в его сознании — оно было там, с той стороны, в нескольких сантиметрах от его тела, там, где стоял я, и его

20

глаза еще видели мою зеленую рубашку с погонами, широкий кожаный пояс, темную кобуру револьвера.

Старик внимательно смотрел на меня и потом сказал, когда я кончил рассказ:

— И вы думаете, что это хорошо?

— Нет, я этого не думаю.

— И какая польза от того, что вы знаете вещи, которых вы не должны были знать? Это все та же история Лазаря: оттуда не возвращаются. Или, если хотите, — как раздавленное растение: живешь изуродованным и непохожим на окружающих. Вы любите ордена?

— Ордена? — переспросил я изумленно. — Нет, я даже никогда об этом не думал.

— Это очень плохо, — сказал старик. — Я часто замечал, что человек должен любить ордена; если они для него не представляют ценности, — это очень плохой признак, чрезвычайно плохой. Что вы делаете в Париже?

Я ему сказал, что учусь, назвал ему моих профессоров. Он рассмеялся с неожиданным и нехарактерным, по-видимому, для него добродушием и сказал, что он относит их к категории сравнительно невинных дураков. Он обещал мне когда-нибудь объяснить эту теорию. — Когда-нибудь? — сказал я. — Но я, может быть, никогда больше вас не увижу. — Старик пожал плечами, и мне стало неловко; я понял, что этого не следовало говорить ему. Он быстро повернул голову и опять сказал отрывисто, угадав мою мысль, что смерти он не боится, и не боится действительно, не так, как фельдшер Феофан. Впрочем, может быть, в последнюю минуту... — Вы читали Фауста? — вдруг перебил он себя и сам же себе ответил: — Да, конечно, читали, русские все читают.

Я уже привык к его отрывистому, постоянно перемещающемуся разговору. Становилось немного свежее, на луну время от времени набегали тучи, вдалеке, над Монмартром, стояло тусклое, красноватое зарево. Старик поднялся со скамейки и протянул мне руку в черной нитяной перчатке.

— До свиданья, — сказал он, — я был рад с вами поговорить. Вы не можете себе представить, какое удовольствие видеть человека, который не задает вопросов и не собирается извлечь из вас никакой выгоды.

— Оценка, конечно, лестная, хотя и отрицательная, — сказал я, невольно улыбаясь, — я в свою очередь должен вас поблагодарить за внимание.

— Мы, может быть, еще встретимся, — сказал он, — я

21

иногда гуляю ночью, а живу я рядом. И так как мои ноги прошли уже почти все расстояние, которое им было предписано судьбой, то я не иду с Монмартра в Отэй, а дохожу только до этой площадки. Всего хорошего.

Он притронулся рукой к голове и ушел. Я стоял и смотрел ему вслед — на согнутую спину, на довольно быстрые движения его почти несгибающихся ног, которые он ставил носками врозь, почти как если бы он шел на пятках. Я подождал, пока, по моим расчетам, он должен был дойти до дому, и потом направился к себе; был уже пятый час утра.

То, что я не сразу узнал его, могло быть объяснено только полной неожиданностью этой встречи, ее невероятностью. Так, однажды, зимой, на рассвете, в одном из кафе Монпарнаса, где собираются обычно сутенеры, я увидел пожилого приличного человека, за столиком, уставленным многочисленными пепельницами и четырьмя недопитыми стаканами красного вина; он играл в карты с какой-то женщиной в черном — она сидела спиной ко мне, я не видел ее лица. Но человек этот показался мне удивительно знакомым; и только через секунду я понял, кто он; это был известный деятель, бывший русский министр, которого я привык видеть в совершенно иной, председательской обстановке. Так и тогда, я узнал моего собеседника только после того, как он сказал, что во всех газетах о нем давно готовы некрологи.

Его биография была известна всему миру, точно так же, как его прозвище, его легендарная резкость, его бешеный характер; все это непостижимым образом соединялось с громадным умом; его называли последним государственным человеком в Европе. Жизнь его была, действительно, необыкновенная, и у него было все, что может пожелать человек, — огромная, несравненная слава и почти неограниченная власть, то есть то, что он презирал и ненавидел со времени ранней своей юности. Как почти все очень умные люди, он не имел никаких иллюзий, и огромный жизненный опыт только увеличил и довел до крайних пределов то ледяное презрение к людям и то неизменное озлобление, о котором были написаны тысячи статей и десятки книг. Теперь, удалившись от всего мира, он доживал последние дни и недели своей бесконечно долгой жизни. Я вспомнил его выцветшие глаза и походку с расставленными носками; ему было около девяноста лет. Он был для меня давно прошедшим историческим событием, живой развалиной давно исчезнувшего мира, и так непостижимо, нелепо и замечательно было то, что он дышал тем же воздухом и жил в те же пустые и тревожные дни, в тридцатых годах нынешнего столетия.

Я сомневался в том, что его еще когда-нибудь увижу, но время от времени в те же поздние часы приходил туда, где встретил его в первый раз, сидел, курил и ждал; но согнутая его фигура не появлялась. Прошло около двух недель — и вот однажды ночью я опять увидел его. Он сидел на своей скамейке, опустив голову, и медленно поднял ее, когда я подошел вплотную.

— А, это вы? — сказал он вместо приветствия. — Вы опять забыли вашу шляпу.

Я ответил, что не ношу шляпы.

— Может быть, это менее глупо, чем кажется на первый взгляд, — сказал он, — может быть, может быть. Хотя я в этом сомневаюсь, — прибавил он с внезапно повеселевшими глазами. — Садитесь, садитесь. Почему вы курите такие плохие папиросы, нет денег? Да? Это хорошо, в этом возрасте не нужны деньги.

— Я позволил бы себе...

— Да, знаю; вы думаете, что другие их глупо тратят, а вы бы тратили умно. Заблуждение.

Глаза его сузились, он засмеялся.

— Я очень рад, что вы в хорошем настроении, — сказал я.

— Со вчерашнего дня у меня нет болей, — ответил он. — Это ничего не значит, конечно, на юридическом языке это называется sursis[9]. Но я приближаюсь, молодой человек, приближаюсь. Как ваши занятия?

Я ответил ему, что готовлю историю экономических доктрин. Он пожал плечами и потом сказал с сожалением, что можно было бы найти более интересное времяпрепровождение и что глупо, когда человек, которому нужно много есть и проводить дни с любовницей, сидит в закрытом помещении и изучает никому не нужную ерунду, тем более что все экономические доктрины никуда не годятся. Он считал еще теорию физиократов наименее глупой, как он сказал. И он стал объяснять мне быстрыми, отрывистыми фразами свои взгляды на несостоятельность тех положений, которые считались основными в политической экономии, — я поразился его исключительной памяти. Громадное большинство экономистов он считал глупцами; сколько мне помнится, только о Тюрго сказал, что тот был умен. Адам Смит был, по его мнению, компилятором, Рикардо спекулянтом, Прудон — крестьянской

---

[9] отсрочка (фр.).

23

головой, не способной ни к какой эволюции. Потом он прервал себя и сказал:

— Сидите и думаете: вот старик разошелся.

— Нет, но ведь этим вопросам вы посвятили много времени в вашей жизни.

— К сожалению, к сожалению, — быстро сказал он. — Но это не дало никаких положительных результатов, все это прах и ерунда: человеческое общество основано на взаимном обкрадывании — и об этом ни в одном экономическом трактате ничего нет.

— Но ведь именно физиократы не проводили большого различия между ворами и коммерсантами.

— Они были правы, они были правы. Вы умеете править автомобилем?

Это было так же неожиданно, как во время первого нашего разговора вопрос о том, люблю ли я ордена. Я ответил, что умею. — Это хорошо, — коротко сказал старик.

— Вы родились в России? В каком городе?

— В Петербурге.

— Удивительная страна, она готовит сюрпризы. Я их не увижу, а вы увидите. Если будете живы. — Потом он прибавил: — Я помню последнего императора, он был незначительный человек. Но с другой стороны, править стошестидесятимиллионным народом... — Он задумался, потом сказал непереводимую фразу: n'importe qui peut s'y casser le cul[10].

Он заговорил об истории и сказал, что она есть подлог и ложь: события никогда не происходили так, как они описаны.

— Но взятие Бастилии...

— Глупости... Два сумасшедших и три дурака — и это называется историческим событием, что вы скажете?

— Мне казалось, что не взятие Бастилии, как таковое, а как начало известного исторического процесса, который...

— Ерунда. Исторический процесс чужд понятию начала и конца, как вся природа. Чистейшая условность, чистейшая, чистейшая. Понимаете?

Он поднял на меня свои бесцветные, рассердившиеся глаза.

— Они обкрадывают друг друга, они пожирают друг друга, — вот содержание всей истории. Вы говорите о факторах? — сказал он, хотя я не произнес ни слова. — Эти факторы суть подлость и идиотизм.

---

[10] Приблизительно: кто угодно сломает себе шею (фр.).

24

— Мне казалось, что...

— У вас, может быть, доброе сердце, вам не хочется думать, что мир устроен именно так, а не иначе. Кроме того, вы ничего в нем не понимаете.

Он похлопал меня по плечу и улыбнулся.

— Не то что б я вас считал глупее других, видите ли, — я этого не думаю. Но вы не понимаете — так, как дети не понимают скабрезных анекдотов. Вот в чем дело.

Все, что он говорил, казалось мне удивительным — не потому, что было непохоже на обычные вещи, а оттого, что решительно все его высказывания неизменно были отрицательными. Это казалось мне неправдоподобным; он начинал походить на злодея из дешевого романа, в котором соединены решительно все недостатки и который лишен самой маленькой, самой случайной добродетели. Но, вместе с тем, это был живой еще и умный человек, и сплошная его отрицательность казалась мне невозможной. Я сказал ему это.

— Вы дикарь, — ответил он. — Вы задаете вопросы, которых не принято задавать. Европеец бы себе никогда этого не позволил. Но я предпочитаю это.

Лицо его исказилось, он зажмурил глаза и вдруг стал тихонько сползать со скамейки. Я подхватил его под руку, почувствовав на секунду худое старческое предплечье. Тело его показалось мне неправдоподобно легким. Он тяжело дышал с минуту, в глазах его стояло отчаяние. Потом он сказал:

— Проводите меня домой и непременно приходите завтра сюда же, в это же время.

Небольшое пространство, отделявшее нас от дома, в котором он жил, мы прошли за двадцать минут; несколько раз ему становилось плохо и тело его сразу оседало; мы останавливались, ждали, пока он отдышится, и потом продолжали идти. Последние несколько метров он прошел более уверенно.

— Благодарю вас, — сказал он у порога своей двери. — Значит, завтра мы увидимся. Если я попрошу вас об одной услуге, вы не откажете мне?

Я был очень взволнован и ответил, что я всецело в его распоряжении. Он попрощался, протянул мне дрожащую руку в своей неизменной нитяной перчатке.

На следующий день, купив вечернюю газету, я сразу увидел на первой же странице его портрет под сообщением о том, что с ним случился припадок уремии. В статье об этом было написано, что ввиду преклонного возраста больного врачи воздерживаются от каких бы то ни было высказываний.

25

Ночью я пришел на площадь Трокадеро, хотя было совершенно очевидно, что это не имело никакого смысла. Я знал, что он был тяжело болен, может быть при смерти, и, стало быть, не только не мог прийти сам, но вряд ли мог вспомнить о незначительном свидании и как-нибудь предупредить меня. К тому же он не знал ни моего адреса, ни даже моего имени. Я провел много часов там в те дни, и даже полицейские, изредка проходившие через площадь, стали смотреть на меня с подозрением, как мне показалось, но не беспокоили меня, по-видимому, из-за того, что я не был похож на бродягу, и к тому же никаких недоразумений за это время не случилось. Но я полагаю, что, если бы в этом квартале произошла в те времена кража, мне, вероятно, пришлось бы побывать в комиссариате и дать объяснение своего постоянного ночного присутствия на площади; и, конечно, тому, что я сказал бы, никто бы не поверил.

Я не считал бы себя обязанным к этому утомительному дежурству, если бы старик не спросил меня, могу ли я когда-нибудь оказать ему услугу. Слово «когда-нибудь» имело в его устах почти немедленный смысл; у него оставалось очень мало времени; оно измерялось днями, быть может, неделями, стало быть, я должен был быть готов каждую минуту. Я долго ломал себе голову над тем, что ему могло понадобиться от меня и почему он думал, что я могу оказать ему эту услугу. Он не знал обо мне ничего или почти ничего, не имел представления ни о моих возможностях, ни о степени моей готовности помочь ему в чем бы то ни было. Кроме того, что ему могло быть нужно? Несмотря на то что он давно ушел от власти, имя его оставалось магическим, и ему достаточно было отдать распоряжение, чтобы все было сделано так, как он этого хотел бы. Я не сомневался в том, что ему предстоят торжественные похороны, что давно готовы траурные каймы для некрологов и что вся страна ждет только его смерти, которая не могла, казалось, не наступить в самое ближайшее время. И о чем, о какой необыкновенной вещи мог думать этот человек в самые последние, в самые страшные дни? У него не должно было оставаться, как мне казалось, ни сожаления, ни раскаяния, ни желания исправить какую-либо ошибку — у этого старика, у которого презрение к людям было доведено действительно до беспримерной, почти нечеловеческой силы.

Прошли три недели. Я знал по газетам, что в состоянии его здоровья произошло улучшение, что накануне он в первый раз встал с кровати. И вот, ночью, я увидел, как он с трудом и

26

необыкновенно медленно шел по направлению к площади. Я побежал ему навстречу и взял его под руку.

— Спасибо, спасибо, — отрывисто, как всегда, сказал он. — Если мы успеем, мы поговорим потом. Теперь я очень тороплюсь, мне надо ее перегнать, — сказал он, остановившись.

Мы проходили мимо скамейки. Я хотел посадить его.

— Нет, нет, — сказал он. — Помните, я просил вас об услуге?

— Я могу только повторить, что я в вашем распоряжении, — точно так же, как три недели тому назад.

— Вы сказали, что вы умеете править автомобилем. Вы можете отвезти меня в Beaulieu?

— Когда? — спросил я.

— Сейчас, — ответил он.

— Я готов, — сказал я. Я хотел его спросить, в состоянии ли он будет вынести долгие часы этого переезда, но не сказал ни слова. Мы продолжали идти, очутившись уже на одном из авеню, окружающих площадь. Старик сказал:

— Автомобиль стоит в ближайшем гараже. Я попросил вас отвезти меня, потому что не хочу, чтобы об этом путешествии кто-либо знал.

Я наклонил голову молча. Войдя в гараж, где нас встретил ночной сторож, араб, старик показал мне машину, на которой мы должны были ехать; это был прекрасный «крайслер». Я открыл дверцу, старик влез внутрь, опираясь на палку и на мою руку, я вывел машину из гаража, и через двадцать минут мы уже были на дороге Фонтенебло.

Тени деревьев летели навстречу автомобилю; мотор работал совершенно бесшумно, и, только поглядывая на счетчик, я невольно напрягал все свои мускулы, почти бессознательно готовясь к какому-то страшному толчку. Дорога, впрочем, была почти пустынна, автомобили попадались чрезвычайно редко. Впрочем, я два раза чудом, как мне показалось, избежал катастрофы. Это случилось оттого, что у меня вдруг потухли фары и я от волнения не мог их нащупать. Луна то показывалась, то скрывалась за облаками; был предрассветный час. Впереди меня шел высокий грузовик; и всякий раз, когда я приближался к нему, чтобы обогнать, перед моими глазами появлялась черная точка, происхождения которой я никак не мог объяснить; со мной никогда таких вещей не случалось. В третий раз, когда я решил пренебречь этой точкой, — стало чуть-чуть светлее, — и надавил на акселератор, теперь уже явственно перед самым стеклом я разглядел конец рельсы, который отстоял от

27

платформы грузовика на несколько метров; я нажал на тормоз, машина плавно замедлила ход, и точка удалилась. Я обогнал грузовик и пустил машину полным ходом, стараясь наверстать потерянное, и через несколько километров едва не попал между двух двадцатитонных фургонов, шедших один навстречу другому. Но у того из них, который направлялся в Париж, не горели передние фонари, и оба они издали были одинаково освещены тремя красными огнями; я увидел их на повороте дороги и решил, что они идут друг за другом; когда я обогнал первый из них, красные точки второго стали приближаться с невероятной быстротой, как во сне, и только тогда я понял, в чем дело. Автомобиль шел слишком быстро: если бы я резко затормозил, машина перевернулась бы, — пришлось задерживать ее, то нажимая, то отпуская тормоз; и когда я, наконец, почувствовал, что она совершенно подчиняется мне, я успел забрать вправо, и грузовик прошел мимо с тем особенным шипением и присвистыванием, которые характерны для дизелевских моторов.

Посмотрев назад, я увидел, что старик сидит с закрытыми глазами; он, по-видимому, дремал и ничего не заметил. Города и деревни, которые мы проезжали, были совершенно пустынны в эти часы. Мелькали столбы с надписями о том, что до такого-то города столько-то километров. Уже давно взошло солнце, стало жарко, я снял пиджак. В первый раз, когда я остановился, чтобы купить бензин, старик воспользовался остановкой, чтобы спросить меня, выдержу ли я безостановочное путешествие до Beaulieu.

— Я-то выдержу, — сказал я, — но не кажется ли вам, что вам это будет очень трудно?

— Не думайте обо мне, — сказал он. — Я дремлю все время: есть все равно ничего не могу.

— В таком случае, — сказал я, — мы доедем.

Но к двенадцати часам дня я с тревогой почувствовал, что мне смертельно хочется спать; к счастью, в это время на дороге было уже много автомобилей и приходилось напрягать внимание. Кроме того, я курил папиросу за папиросой и, в общем, все-таки держался. Чем дальше, однако, тем мне становилось труднее; но мы уже проехали Тулон. Я еще два раза брал бензин и, наконец, — было около восьми часов вечера, — мы проехали Ниццу и по дороге, которую я знал очень хорошо, как улицу в Париже, на которой жил, доехали до Beaulieu. Я остановил автомобиль перед небольшим особняком, окруженным пальмами. Я слегка пошатывался — огненные зайчики прыгали в моих глазах. Я открыл дверцу и помог выйти старику.

— Спасибо, мой милый, — сказал он. — Идите, ложитесь спать; когда выспитесь, приходите сюда. Приходите завтра утром. Спокойной ночи. Деньги вам нужны?

— Да, у меня четыре франка в кармане.

Я вошел в первую гостиницу, пообедал, дремля, потом вошел в комнату, которую мне отвели, едва нашел в себе силы раздеться и заснул мертвым сном.

Я проснулся в девять часов утра, проспав одиннадцать часов подряд. В комнате было душно, из ближайшего сада доносился треск цикад, и, пока я не пришел в себя окончательно, на что потребовалось все-таки несколько секунд, этот звук особенно поразил меня. Потом женский голос внизу сказал, удаляясь и, по-видимому, отвечая остающемуся здесь собеседнику — je le crois bien[11], — с таким южным акцентом, в котором нельзя было ошибиться, и я сразу вспомнил это бесконечное ночное путешествие и старика, которого я вчера оставил у входа в особняк с пальмами. Одевшись, я сходил к парикмахеру, потом купил по дороге купальные трусики и полотенце. В заливчике, на берегу которого стоял Beaulieu, море было идеально спокойное, как всегда; глубоко на дне темнели камни, на прибрежных подводных островках росли альги, из которых живыми фонтанами расплывались целые стайки маленьких рыб; крохотные зеленые крабы бегали по камням, на дне, и, чтобы их увидеть, нужно было лежать на воде почти неподвижно, на животе, погрузив лицо в море и пристально глядя вниз. Меня еще раз поразили всегдашнее особенное безмолвие Beaulieu и неподвижная его красота. Здесь жили на покое, — как и по всему побережью Средиземного моря, — но здесь особенно, — очень пожилые и очень уставшие люди, которые ждали обманчиво ласковую, южную смерть, в этой сверкающей от солнца и моря, в этой оранжерейной котловине. Эти люди жили в глубине домов, и еще в прежние времена я неоднократно видел их в Beaulieu; они всегда были слишком одеты, носили идеально ненужные галстуки, воротнички и зонтики, и жестокое южное солнце все же, по-видимому, не могло прогреть их до конца; я думал, что навстречу ему из глубины этих иссушенных тел уже поднимался тот последний холодок, против которого не было никаких лекарств. Иногда их сопровождали собаки, почти всегда хороших, хотя почти исчезнувших нынче пород, но

---

[11] я в это очень верю (фр.).

невзрачные, с жалобными глазами и, в общем, похожие на своих хозяев. И только однажды я видел как-то рядом с высокой старухой, державшей в сухой руке ремешок, на котором она вела дряхлого пуделя, — ее молодую, по-видимому, компаньонку, которой, наверно, было двадцать два или двадцать три года; у нее было литое тело под легким платьем, тяжелые губы и голодные глаза с длинными ресницами; она прошла мимо меня — я сидел на скамейке и читал газету, — обернулась несколько раз, и через минуту я заметил, что прочел до конца статью, из которой не понял ни одного слова. Я посмотрел вслед, потом подошел ближе и увидел ту же группу — старого пуделя, оседающего на задние лапы, медленную походку старухи на несгибающихся ногах и рядом с ними загорелую спину девушки с блестящей, точно смазанной маслом, кожей и чуть-чуть покачивающей на ходу все то же великолепное тело. — Нелепо и замечательно, — сказал я вслух самому себе, не очень хорошо зная, почему это нелепо и что замечательно.

В тот день после купанья я прошел еще пешком несколько километров, дошел до Cap-Ferrat, где выпил кофе, и вернулся в Beaulieu к половине первого: было пора уже идти туда, где я оставил вчера своего спутника. Я позвонил у железных резных ворот; мне открыла молодая женщина, которая, по-видимому, была предупреждена о моем приходе, потому что ни о чем не спрашивала меня; она ввела меня в комнату, где стоял диван, два кресла и небольшой столик с пепельницей; на единственной гравюре, украшавшей стену, плыл, раздувая многоэтажные белые паруса, старинный и очень классический фрегат. Через минуту меня попросили войти, и я оказался на террасе, выходящей в небольшой сад и затянутой коричневым пологом; и в кирпичном цвете, который давали солнечные лучи, проходя сквозь этот полог и создавая неправдоподобную, картинную окраску, я увидел маленькую старушку с очень живыми глазами, на которых были, как мне показалось, следы слез. Этому, впрочем, не следовало придавать особенного значения, потому что, как я вскоре убедился, она плакала с необыкновенной легкостью и по поводу самых незначительных вещей. Но во всем — и в ее улыбке, и в ее манере говорить, и в жестах ее коротких сухеньких рук, и в интонациях ее слабого голоса — было необыкновенное очарование. Она говорила на прекрасном французском языке с чуть заметным акцентом, но настолько незначительным, что трудно было понять, каким именно.

— Это вы привезли Эрнеста? — сказала она мне. — Очень

хорошо сделали, очень хорошо сделали. Он черствеет в Париже. А так как он совсем старый и характер у него всегда был ужасный, то это должно быть невыносимо; немного нашего южного солнца ему не повредит. Скажите, — она понизила голос, и на глазах ее мгновенно появились слезы, — он действительно очень плох?

Что я мог ей ответить? Я сказал, что нет, я лично этого не думаю, что, как она должна знать, врачи ничего не понимают и сами всегда бывают поражены всеми изменениями в состоянии больного, — только они скрывают это удивление, так как иначе они потеряли бы уважение пациентов. Но они не знают больше нас, мадам, в этом я твердо уверен. Кроме того, раз он мог проделать такое путешествие из Парижа в Beaulieu, стало быть, состояние его здоровья совсем не так плохо.

— Да, может быть, вы правы, — сказала она со вздохом.

В это время из соседней комнаты послышались тяжелые, шаркающие шаги, я повернул голову и увидел старика; он был в темно-сером халате, скрывавшем его необыкновенную худобу; он шел с еще большим трудом, чем обычно. Я встал и поклонился ему.

— Здравствуйте, как спали? — спросил он. — Отдохнули? Человек устает один раз в жизни, в сущности, — и от этой усталости никакой отдых не вылечивает, — а до тех пор...

— Он очень склонен к афоризмам, — сказала старушка, — почему вы не писали книг, Эрнест?

— Вы знаете, что у меня было мало времени; а кроме того, ни одна книга еще ничего не изменила в истории людей.

— Вы неисправимы, Эрнест, — сказала старушка, — а Евангелие, например?

— Не требуйте же от меня, чтобы я написал Новый Завет, — сказал старик с улыбкой.

Я внимательно смотрел на него; он очень изменился за эти сутки, лицо его смягчилось, хотя морщины обозначались на нем с той же, если не большей, беспощадной резкостью. Но в том выражении его выцветших глаз, которое так поразило меня, когда я разглядел его впервые, я не видел больше первоначальной и, вероятно, всегдашней свирепости; в них осталось только сожаление, и это было так неожиданно и непривычно и так, я бы сказал, не подходило ему, что я все ждал, не изменится ли вновь его взгляд, и всякий раз мое ожидание было обмануто. Он от этого сразу стал беззащитнее и из такого, каким его знали современники, превратился в очень старого и очень больного человека, которому осталось жить немного дней.

Мы позавтракали вместе. Старушка жаловалась мне на кухарку, которая, по ее словам, страдала исключительной забывчивостью и всегда все путала. — Хорошо еще, если она не сыпет перца в сладкое. — Это объяснялось, но мнению хозяйки, двумя причинами, — во-первых, возрастом кухарки, во-вторых, тем, что она пьет, как все женщины с севера. — Такая глупая старуха! — говорила она. — Но ведь не могу же я с ней расстаться. Подумайте, она служит у меня... — здесь она задумалась, не могла вспомнить и, наконец, позвонила два раза. На звонок вошла среднего роста женщина в черном, с резким мужским лицом.

— Христина, сколько лет вы у меня служите? — спросила старушка. Кухарка вздрогнула, как мне сначала показалось, потом я понял, что она икнула — она, действительно, была навеселе — и ответила неожиданно высоким, хрипловатым голосом:

— Тридцать шесть лет, мадам. Это все, что вам нужно, мадам?

— Да, можете идти. Видите, месье, тридцать шесть лет.

— Вот, — сказал старик, — вот о ней бы и написать книгу.

— Что вы, Эрнест? Что же о ней написать? Она готовила и пила всю жизнь, и больше ничего.

Старик покачал головой.

— За эти тридцать шесть лет миллионы людей были убиты, миллионы искалечены, другие проехали тысячи километров, изменили всему, что они знали, забыли родной язык, целые страны исчезли с лица земли, были революции, гражданские войны, и мир готов был рассыпаться, — а Христина все это время жарила мясо, пила кальвадос, и даже имена этих стран для нее неизвестны. И теперь скажите мне, что это не нелепо?!

— Все нелепо, Эрнест, но кухарки все-таки необходимы. Она никогда не была министром, эта бедная Христина, разве ее можно за это упрекать?

— Напротив, — сказал старик с улыбкой, к которой я уже начал привыкать, — ее нужно с этим поздравить. — И через секунду добавил: — Ее и нас.

После завтрака он отвел меня в сторону и спросил, нет ли у меня спешных дел в Париже, которые бы требовали моего присутствия. Я ответил, что нет, меня никто не ждет; единственный человек, который заметит мое отсутствие, это хозяйка гостиницы, в которой я живу, — но и она не будет очень удивлена, я заплатил ей на днях, а к моим отлучкам на несколько дней она успела привыкнуть, и даже, если предположить, что она к ним не могла бы привыкнуть, то и это

32

никакой роли не играло бы. Старик мне сказал, что он собирается выехать в Париж послезавтра и что мы могли бы поехать вместе на том же автомобиле.

— Я перед вами в долгу, — сказал он, — и вы имеете право знать некоторые вещи и понять причины моего странного поведения.

— Ну в какой степени я не хотел бы...

— Знаю, знаю. Но я чувствую себя не вправе, вы понимаете... Я вам объясню это. Куда вы идете сейчас? — вдруг перебил он себя. Я сказал, что поеду в Ниццу, что мне хотелось бы повидать своих знакомых. Мы условились, что я приведу в порядок автомобиль, который неподвижно стоял все там же, густо покрытый грязью, — и приеду за ним послезавтра утром.

Я провел эти полтора дня в беспрерывных разъездах, спеша побывать во всех местах, которые я знал и любил. Я говорил о политике в маленьком кафе того местечка, где жил летом год тому назад, безуспешно пытался ловить рыбу в зелено-коричневом гроте, за Cap-Ferrat, лазил по узким, как коридоры, улицам средневекового городка St. Paul, сидел в порту Villefranche вечером и смотрел на американских матросов с только что пришедшего крейсера, увидав который, бойкая хозяйка какого-то незначительного магазина тотчас же обтянула свою французскую вывеску давно, по-видимому, приготовленным и специально для таких случаев заказанным куском материи с надписью «Your little shop»[12] матросы танцевали с местными красавицами, которые все прибывали в порт, а на берегу, возглавляя специальную портовую американскую полицию, стоял сорокалетний мужчина в парусиновых гетрах, не очень большого роста, но почти квадратный, с тяжелой нижней челюстью и пудовыми кулаками, несомненно видавший виды и равнодушно готовый ко всему. Оттуда я уехал в Ниццу, посмотрел кинематографическую хронику, затем побывал в Антибе, поднялся к маяку и долго глядел на неподвижное в тот безветренный вечер море и сплошную линию фонарей, освещавших длинную и извивающуюся прибрежную дорогу. И опять, как всякий раз, когда я приезжал на юг Франции, мне казалось, что я попал, наконец, на родину; и я не понимал, как может раздражать или утомлять моих знакомых этот постоянный зной, это неизменное безоблачное небо и сверкающее под солнцем море. Даже конфетная декоративность некоторых мест, слишком уже явная,

---

[12] «Лавочка для вас» (англ.).

33

нисколько не коробила меня, она оставляла меня равнодушным, как равнодушны к ней были местные жители. И, подобно обитателям Beaulieu, я тоже хотел бы умереть здесь, втягивая в бессильные — в эту минуту — легкие последние глотки этого удивительного воздуха, соединившего в себе море, солнце и зной и далекий запах раскаленных сосен.

Я возвращался в Beaulieu знакомыми дорогами. Вот вилла, на крыше которой всегда стояла фарфоровая кошечка, — в этой вилле жила богатая и очень надменная старуха, составившая себе состояние эксплуатацией публичных домов в Париже; она начала свою карьеру четырнадцатилетней девочкой на тротуарах улицы Сен-Дени и теперь кончала здесь свое долгое и преступное существование; вот вилла «Анюта» с петушками, деревянными колокольчиками, вечно неподвижным флюгером и изображением Николая Угодника на воротах; «Анюта» принадлежала бывшему гвардейскому офицеру, чрезвычайно лихому, по-видимому, человеку, гремевшему, по его словам, в Петербурге в девяностых годах прошлого столетия, — с обычным и всегда готовым арсеналом «клубничных» воспоминаний, в которых неизменно фигурировали злополучные и маловероятные ванны из шампанского; о них все-таки, я думаю, он где-то прочел — в часы либо невольного тюремного досуга, либо совершенно лютого безденежья, — потому что в нормальное время он ничего не читал, кроме Библии, как он сам говорил; и я долго недоумевал, зачем этому человеку Библия, пока однажды не заметил, что она была покрыта густой пылью, — и тогда я успокоился.

В ночном воздухе изредка раздавался постепенными звуковыми полукругами собачий лай; начинал один пес, несколько ниже отвечал другой, за поворотом третий, потом — о, я сразу узнал их голоса — часто-часто, свирепыми баритонами, залаяли два бульдога из розовой виллы, там, где дорога изгибается, подходя к морю, и где живет человек, с золотым браслетом на правой руке, по старой привычке пудрящийся и красящий ногти и про которого мягко говорили, что он был человеком «странных нравов»; но бульдоги у него были хорошие.

Я заснул под стрекотание цикад и видел во сне владельца виллы «Анюта»; он плыл по бурному морю, и над водой торчала его голова, неподвижная, как деревянный шар, абсолютно лысая голова с грозными усами, устремленными вверх.

Я покидал юг с двойным на этот раз сожалением, потому что, помимо личной неприятности — вернуться в Париж, —

судьба опять ставила меня перед необходимостью войти в ту безотрадную область, центром которой был мой спутник. Ему вновь стало хуже, он кутался в широкое пальто, хотя стояла почти тропическая жара. Его вышли провожать хозяйка и Христина. Мы уехали, я оборачивался несколько раз, и до поворота дороги все смотрел на эти две фигуры и задумался об этом настолько, что, может быть, лишь через минуту до меня дошел, наконец, тихий шелест мотора и сухое лепетанье шин по раскаленной дороге. Проехав Ниццу, я нажал на акселератор и пустил автомобиль почти полным ходом. Рука старика коснулась моего плеча, — он сидел теперь не сзади меня, как в прошлый раз, а рядом со мной.

— Можете не спешить, — сказал он, — в этом больше нет необходимости.

Я несколько замедлил ход.

— Как бы вы сказали, какой она национальности? — спросил он меня.

Я ответил, что затруднился бы это определить. Единственно, в чем я уверен, это — что она не француженка либо провела детство за границей.

— Испанка, — отрывисто сказал старик.

Мы проехали несколько сот метров. Солнце стояло высоко; влево от дороги бесконечно сверкало и морщилось море.

— Вы ломали себе голову, — сказал старик, — над тем, что все это может значить.

Он улыбнулся; я повернул голову и увидел его пустые и далекие глаза. Потом он плотнее запахнулся в пальто, сложил свои руки в нитяных черных перчатках и начал говорить.

Он объяснил, прежде всего, что обратился ко мне, потому что не хотел никого решительно посвящать в историю этой поездки — ни своего шофера, ни кого бы то ни было другого — и еще потому, что он ненавидел и презирал газеты, которые не замедлили бы узнать об этом. Мысль о том, что об этом можно попросить меня, пришла ему внезапно, именно тогда он спросил, умею ли я править автомобилем. Дальше он объяснил, в лаконических, но лестных для меня выражениях, что он чувствовал ко мне доверие и вообще считал меня совершенно порядочным человеком. Я прервал его:

— Я не могу высказываться о других ваших суждениях, я не имею на это права. Но в данном случае вы ошибаетесь, это я знаю твердо.

Он объяснил, что имел в виду только отрицательные достоинства, то есть что я не буду стараться извлечь из этого пользу, не стану просить за это деньги, — что было бы не так

35

важно, но неприятно, — не обращусь к нему в свою очередь за протекцией. Но что, если мне доставляет удовольствие считать себя непорядочным человеком, он ничего против этого невинного желания не имеет.

— Я поехал сюда, — сказал старик и звучно проглотил слюну, — это моя предпоследняя поездка, потому что в следующий раз меня повезут уже иначе.

И я сразу представил себе траурные занавесы над дверью его дома в Париже, толпу любопытных на тротуаре, полицейские кордоны и медленное шествие вниз по Елисейским полям.

— Но для того, чтобы объяснить причину этой поездки, — сказал он, глядя прямо перед собой, — нужно вернуться на много лет назад.

И он стал рассказывать изменившимся голосом, — и я уловил в этом изменении бессознательно, быть может, употребленный прием человека, произнесшего в своей жизни тысячу речей, — о том, как он познакомился и сошелся с женщиной, которую мы только что покинули. Он встретил ее на скачках, попросил, чтобы его ей представили. Она была на двадцать лет моложе его, отец ее... Впрочем, биографические подробности, как он сказал, не имеют никакого значения. Она была замужем, у нее не было детей. Она оставила мужа. Самым удивительным ему казалось то, что об этом единственном и прекрасном романе его жизни, — таком, в котором он не хотел бы изменить ни одного слова, — было нельзя рассказывать так, чтобы это мог понять другой человек. Она была единственной женщиной, которая не воспользовалась ни одной из возможностей, которые ей давало ее положение. Они не жили вместе — это было невозможно по многим причинам, — иногда они не виделись долгими месяцами, но в самые трудные минуты его жизни она неизменно была рядом с ним. Он очень давно, по его словам, знал, что он ни на кого не может положиться, что в его падении его никто не поддержит; но он знал также, что она никогда не изменит ему. Сквозь всю его жизнь проходила ее легкая тень. Она была всегда ровна, всегда ласкова и немного насмешлива и даже говорила, что не очень любит его. Но в день его очередной дуэли она неизменно оказывалась в Париже, приезжая из Испании, или Англии, или Beaulieu, которое она особенно любила.

Так проходила жизнь, и постепенно, с каждым годом, то небольшое количество мыслей, вещей и людей, в которое старик верил, становилось все меньше и меньше, — и вот уже много лет, как от него ничего не осталось.

Он был слишком умен, чтобы сказать, что положительных ценностей вообще не существует, — он только пояснил, что для него их нет. Это — как развалины; другие смотрят на них, и их воображение строит над ними громадные города, исчезнувшие во мраке времен, — а он видел только осыпающиеся камни, и больше ничего. Он не жалел ни о чем, как он сказал мне; и то, что он вскоре должен был покинуть этот смрадный ад, в котором прожил такую бесконечно долгую жизнь, должно было скорее радовать, чем огорчать его, если бы он еще мог ощущать радость. Нет, у него не было желания что-либо переделывать или пытаться изменить в нем, как на это надеется особенная категория людей, которые являются просто невежественными сумасшедшими, вербуются из неудачников, убийц и дегенератов и которых деятельность субсидируется разжиревшими буржуями. Нет, никакого желания помочь всем этим людям у него не было. — Пусть околевают, пусть околевают, ничего лучшего они не заслуживают. — И вот, за последние полвека, за эти пятьдесят медленных лет, он знал одно чувство, которое ему не изменило, которое нашло себе такое идеальное, такое совершенное воплощение. Он замолчал; за очередным поворотом дороги блеснуло и исчезло море.

— Я не мог умереть, не попрощавшись с ней; это была моя последняя и самая важная обязанность. Теперь я один.

Мы ехали на этот раз совсем медленно, и это имело некоторый смысл — для него, потому что ему действительно не стоило торопиться, и для меня, потому что мне было жалко уезжать. Меня вдруг охватило желание вернуться в Beaulieu, поговорить с этой женщиной, попытаться понять ее и ее жизнь, и я почувствовал безумную жажду постигнуть самое главное, самое основное в этих двух существованиях — но не то, что можно рассказать в нескольких фразах, а другое, недоступное объяснению и пониманию, которое вдруг предстало бы мне в одном изумительном по ясности, в одном недолгом и ослепительном озарении. Но это было невозможно.

Старик между тем вспоминал всякие подробности о своей жизни с этой женщиной, ему было жаль расставаться с этой темой, — а он ничего не жалел обычно, — но это была единственная гармония, которую он знал, потому что во всем остальном его обступала со всех сторон та мертвая и беспощадная тишина, которая являлась его окончательным уделом. Но вдруг в этой тишине воспоминаний возникло еще нечто, для меня совершенно неожиданное.

— Я не могу вспомнить, — сказал он, — одно замечательное стихотворение, которое мы читали с ней однажды, — очень наивное и светлое; была еще хорошая погода; это было в начале нашего знакомства. Прекрасное стихотворение, по-моему, Бодлера. Вы должны его знать. Я помню только три первых слова: Lorsque tu dormiras... и не могу вспомнить дальше.

— Я знаю это стихотворение, — сказал я, — но только оно чрезвычайно далеко от наивности. Это очень печальные и зловещие стихи.

— Напомните мне, — сказал старик.

Я закрыл глаза, сделав привычное усилие, и сейчас же увидел перед собой эту страницу. Я помнил ее наизусть.

Lorsque tu dormiras, ma belle ténébreuse,
Au fond d'un monument construit en marbre noir
Et lorsque tu n'auras pour alcôve et manoir
Qu'un caveau pluvieux et qu'une fosse creuse;
Quand la pierre, opprimant ta poitrine peureuse
Ex tes flanes qu'assouplit un charmant nonchaloir,
Empêchera ton coeur de battre et de vouloir,
Et tes pieds de courir leur course aventureuse,
Le tombeau confident de mon rêve infini
(Car le tombeau toujours compendra le poète),
Durant ces grandes nuits d'ou le somme est banni,
Te dira: «Que vous sert, courtisane impartaite,
De n'avoir pas connu ce que pleurent les morts?» —
— Et le ver rongera ta peau comme un remords[13].

— Да, вы правы, — сказал он, — почему же мне всегда казалось, что было в этом стихотворении нечто мажорное?

[13] Когда затихнешь ты в безмолвии суровом
Под черным мрамором, угрюмый ангел мой,
И яма темная, и тесный склеп сырой
Окажутся твоим поместьем и альковом,
И куртизанки грудь под каменным покровом
От вздохов и страстей найдет себе покой,
И уж не повлекут гадательной тропой
Тебя твои стопы вслед вожделеньям новым,
Поверенный моей негаснущей мечты,
Могила — ей одной дано понять поэта! —
Шепнет тебе в ночи: «Что выгадала ты,
Несовершенная, и что теперь согрета,
Презрев все то, о чем тоскуют и в раю?»
— И сожаленье — червь — вопьется в плоть твою.
(Ш. Бодлер. Посмертные угрызения. Пер. А. Эфрон)

Он задумался и сказал, улыбнувшись:

— Да, конечно, — и это потому, что в ту минуту, когда мы его читали, мы были счастливы.

Он в первый раз за все время употребил это выражение — «мы были счастливы». Я сбоку быстро посмотрел на него: он сидел, запахнувшись в пальто, сложив свои неподвижные руки в перчатках на коленях, грузно оседая на подушки автомобиля и глядя перед собой своими ужасными, пустыми глазами.

Мы ехали обратно трое суток, останавливались много раз и приехали в Париж поздним июльским вечером. Перед тем как выйти из автомобиля, он взял мою руку, подержал ее несколько секунд и коротко меня поблагодарил; мне показалось, что он думал о другом в это время. Я отвел машину в тот же гараж, из которого ее взял, и вернулся, наконец, домой, где за это время не произошло никаких изменений. А через три дня в вечерних газетах снова было напечатано жирным шрифтом, что с моим спутником случился второй припадок. На этот раз всем было ясно, что жизнь его кончена.

Он умер на следующую ночь после жестокой агонии. Я не был на его похоронах, это казалось мне ненужным. Его смерть была настолько естественна, он так давно принадлежал прошлому, что она не могла вызвать сильных чувств, даже, я думаю, у самых близких людей. Я прочел пошлое и шаблонное описание его похорон и подумал только, что этот замечательный человек заслуживал лучшего, чем газетный отчет, написанный полуграмотным журналистом. Но это было неизбежно, это было чрезвычайно характерно для того мира, который старик так глубоко презирал всю свою жизнь. И мне бы не представилось случая вернуться к воспоминанию об этой поездке, потому что я составил себе уже окончательное представление обо всем этом: долгие годы в «смрадном аду» и легкая тень той единственной женщины, ради которой стоило поехать — за несколько, в сущности, часов до наступления неотвратимой агонии — на юг, чтобы проститься с ней перед смертью; я бы не вернулся ко всему этому, если бы через год после поездки не встретил Христину, кухарку мадам.

Я все же много и долго думал над жизнью этого человека, я прочел толстую книгу, которую он написал, вспомнил его необыкновенную карьеру, удивительную беспощадность его суждений и то невыносимое отсутствие каких бы то ни было иллюзий, в котором всякий другой человек должен был бы задохнуться и пустить себе пулю в лоб. Стало быть, единственным утешением его была эта «легкая тень», о которой он заговорил. Я ничего не знал об этой женщине, кроме того, что он рассказал мне; но в его рассказе она показалась мне слишком совершенной, похожей на стилизованный портрет или почти умиленное воспоминание. Было, конечно, очевидно, что она обладала несомненным и, по-видимому, почти непреодолимым, в прежние, давно прошедшие времена, очарованием; в этом легко было убедиться, поговорив с ней несколько минут. В тот единственный раз, когда я ее видел, она произвела на меня впечатление детской прозрачности, — особенного соединения некоторой наивности, ума и несомненной душевной чистоты. И в конце концов, для того, чтобы быть так любимой этим суровым и сумрачным человеком, нужна была непобедимая прелесть и необыкновенность и, может быть, еще нечто, что я не мог бы назвать иначе, чем душевной гениальностью.

И такой она осталась в моей памяти — блистательным видением тех времен, когда я имел счастье еще не существовать. Она осталась такой, несмотря на то, что год спустя в маленьком, дымном кафе Вильфранша я помогал выйти Христине, которую потом должен был довести до дому, — она была настолько пьяна, что едва держалась на ногах, — и Христина рассказала мне, прерывая свой рассказ икотой и ругательствами, о том, какая у нее скупая хозяйка, как всю жизнь она меняла любовников, как в последние годы она платила им все деньги, которые ей присылал ее бывший, почти что муж, очень знаменитый человек и министр, который умер в прошлом году. Меня Христина, конечно, не узнала; помимо всего, было поздно и темно, и мы шли с ней по той дороге, над Вильфраншем, где, как кажется ночью, из пропасти, над морем, растут неподвижные деревья, листья которых бегут вверх по обрыву и останавливаются там, где еще продолжается этот каменный взлет морского побережья, через секунду пропадающий в густой тьме, как все остальное.

Но рассказ Христины не произвел на меня никакого впечатления и, конечно, ничего не мог изменить, хотя я думаю, что это была правда. И если многолетняя ложь и измены испанской красавицы ни в чем не уменьшили ее очарования и привели к такому удивительному и беспримерному завершению, то, я думаю, всякая истина, сопоставленная с этим блистательным обманом, увядает и становится идеально ненужной.

# КНЯЖНА МЭРИ

Их всегда было четверо, трое мужчин и одна женщина, и раз в два-три дня они приходили в одно и то же кафе, недалеко от скакового поля, садились за столик, заказывали красное вино и начинали играть в карты. Потому, что все они были очень бедно одеты, и потому, что каждый из них давно перестал заботиться о своей наружности, было трудно определить их возраст. Но все они принадлежали приблизительно к одному поколению, и каждому из них было, конечно, за пятьдесят. Женщина, которая их сопровождала, — или которую они сопровождали, — была всегда в одном и том же черном, лоснящемся платье, худая и темнолицая: было очевидно, что ей пришлось пройти в своей жизни через множество разрушительных испытаний. У нее был хрипловатый, низкий голос и особенное выражение какой-то запоздавшей дерзости в глазах, которая теперь казалась явно неуместной. Один из мужчин, человек с черно-седой щетиной на лице, всегда приблизительно одинаковой, так что получалось странное впечатление — можно было подумать, что он никогда не брился, но, в силу удивительной игры природы, его щетина не делалась ни длиннее, ни короче, как у покойника, — был одет, казалось, раз навсегда, в очень запачканный серый дождевик — зимой, весной и летом. Шляпы, приобретенной, вероятно, одновременно со всем остальным, он никогда не снимал. Против женщины сидел человек в кепке, рыжем пиджаке и черных штанах; он был единственным из четверых, чье прошлое было легко определить по раздавленному носу и расплющенным ушам, по тому, что он был широк в плечах и его движения сохранили до сих пор, несмотря на годы, тяжеловатую точность. И, наконец, последний был невысокий человек с дергающимися щеками и особенным выражением лица, тревожным и незначительным в то же время. Он отличался от других тем, что у него было несколько костюмов и два пальто. Но так как все эти костюмы и оба пальто были давно и безнадежно заношены в одинаковой степени, то явное его пристрастие к переодеванию было, в сущности, совершенно напрасной тратой времени.

В начале вечера они все были молчаливы. Мне пришлось — в силу целого ряда случайностей — неоднократно встречать их в этом маленьком кафе, возле скакового поля, и первое время все получалось так, что я уходил оттуда вскоре после того, как они там появлялись. Я их, однако, запомнил сразу же, с той ненужной и автоматической точностью, от которой мне было так трудно избавиться и которая перегружала мою память множеством совершенно лишних вещей. Несколько позже, когда мне приходилось оставаться в этом кафе до ночи, я слышал их разговор за игрой и мало-помалу составил себе приблизительное представление о том, что определяло сложную систему их отношений между собой. Как это ни казалось — в одинаковой степени — печально и оскорбительно, эту женщину с каждым из ее спутников связывало то, что они называли любовью. Насколько я понял, в центре этих — в конце концов эмоциональных — движений находились женщина и человек в дождевике и шляпе. Двое других, бывший боксер и четвертый спутник, казалось, проводили время в постоянном ожидании счастливого случая, который позволит им занять место ее избранника со щетиной. Было трудно сказать, на что именно они рассчитывали: на скоропостижную смерть их счастливого соперника, на случайный припадок слабости их героини, на ту степень опьянения, когда становится возможным то, о чем в трезвом виде остается только бесплодно мечтать. Так или иначе, но на этой почве между ними никогда не было никаких недоразумений.

Самым удивительным мне показалось то, что человек со щетиной и шляпой, которую он не снимал ни при каких обстоятельствах, пользовался и со стороны женщины и со стороны ее спутников несомненным уважением, причина которого мне долго была непонятна. Только значительно позже я узнал, отчего это происходило — из короткого разговора, поводом для которого послужили соображения, относившиеся к только что конченной игре в карты. Это был первый спор между ними, который я услышал. И тогда же я заметил, что человек со щетиной, в отличие от своих партнеров, говорил по-французски неправильно и с сильным русским акцентом. Защищая его от нападок бывшего боксера и худенького мужчины с прыгающими щеками, темнолицая женщина сказала своим хрипловатым голосом, что они оба ему в подметки не годятся и что они должны понимать его бесспорное превосходство. Никто из них против этого не возражал, и было очевидно, что они с этим были согласны. Только человек с тревожным и незначительным лицом

42

ответил, что, конечно, он все понимает, но ведь он тоже не первый встречный — как он выразился.

— Не забывай, что я артист, — сказал он. Я думаю, что он должен был тотчас же пожалеть о своих словах, так как женщина не дала ему продолжать.

— Артист? — сказала она с необыкновенным презрением в голосе. — Артист? — Она была настолько возмущена, что перешла на «вы». — Вы артист? В каких пьесах вы играли? В каких театрах? Когда?

— Я играл... — сказал он чрезвычайно неуверенным голосом. Было очевидно, что катастрофический для него исход этого спора был предрешен.

— Вы играли двадцать пять лет тому назад, — сказала она, — и вас выгнали из театра потому, что у вас не было таланта, monsieur.

Мне показалось, что лицо боксера побледнело, когда он услышал это слово — monsieur. Худой человек умолк, но женщина продолжала говорить все в том же презрительном тоне. Она, во-первых, отрицала, что человек со щетиной играл не так, как нужно, — в чем его обвиняли его партнеры. Во-вторых, по ее словам, если даже допустить, что он играл действительно не совсем так, как следовало, то они, боксер и худой человек, не должны были забывать, что, соглашаясь сесть с ними за стол, он оказывает им честь, и они должны это ценить. Никто ей не возражал, и спор прекратился.

Два слова, «monsieur» и «honneur»[14], могли показаться удивительными в устах этой женщины. Но я знал, что идеи иерархического предпочтения сохраняли свою силу почти во всех кругах человеческого общества и среди несчастных, обездоленных людей, на том отрезке их жизни, который отделял их от смерти на улице или в тюремной больнице, понятие о чести или социальном преимуществе упорно продолжало существовать, несмотря на то, что, казалось, давно потеряло какой бы то ни было смысл. Мне хотелось понять, чем объясняется это загадочное и несомненно иллюзорное превосходство человека со щетиной над его партнерами, настолько бесспорное, что они против этого не возражали. Я обратился за справками к гарсону. Он сообщил мне о них все, что знал. Человека со щетиной звали почему-то женским именем — Мария. Бывшего боксера звали Марсель, худощавого человека — Пьер. Имя женщины было Мадлэн. Худощавый человек действительно в свое время был актером, но очень

---

[14] честь (фр.).

недолго. Марсель действительно был боксером, и, когда гарсон назвал мне его фамилию, я вспомнил отчеты о его матчах, лет пятнадцать, двадцать тому назад, которые я нашел однажды, роясь в архивах спортивного журнала. Мадлэн в свое время была портнихой. Преждевременный конец карьеры каждого из них объяснялся, по словам гарсона, одним и тем же: пристрастием к азартным играм и красному вину. О человеке с женским именем гарсон сказал вещь, которая мне показалась явно неправдоподобной: мужчина, по имени Мария, был известным русским писателем.

Я их увидел еще раз, через несколько дней после этого разговора с гарсоном. Был вечер зимнего, холодного дня. На дворе шел мелкий снег, сквозь легкий туман мутно светили уличные фонари. Не знаю почему, все в тот вечер доходило до меня сквозь эту мутную призрачность снега, фонарей, зимних пустынных улиц. Я шел пешком из одного конца города в другой и, как это уже неоднократно со мной бывало, потерял точное представление о том, где я нахожусь и когда это происходит. Это могло быть где угодно — в Лондоне или Амстердаме — эта перспектива зимней улицы, фонари, мутное освещение витрин, беззвучное движение сквозь снег и холод, неверность того, что было вчера, неизвестность того, что будет завтра, ускользающее сознание своего собственного существования и все преследовавшие меня в тот вечер чьи-то чужие и далекие воспоминания о Петербурге, и эти магические слова — «Ночь, улица, фонарь, аптека», — весь тот исчезнувший мир, которого я никогда не знал, но который неоднократно возникал в моем воображении с такой силой, какой не было у других воспоминаний о том, что действительно происходило со мной за эти долгие годы, наполненные спокойным отчаянием и ожиданием чего-то, чему, быть может, никогда не было суждено случиться.

И именно в этот вечер я опять увидел их в том же кафе, где они бывали и куда я вошел машинально, даже не думая, зачем я это делаю. Они сидели, как всегда, за столом и играли, как всегда, в карты. Но, вероятно, от того, что я находился в особенном, необычном расположении духа, они мне все показались не такими, какими казались всегда. И несмотря на то, что угол кафе, где они сидели, был освещен не больше и не меньше, чем каждый вечер, мне показалось, что они возникают в почти рембрандтовских сумерках, из неопределимого прошлого. Я подумал о том, что в них всех были какие-то элементы вечности: с тех пор, как существовали люди, во всех странах и во все времена, существовало и то, что определяло жизнь каждого из них, вино, карты и нищета; и их профессии — портниха, актер, боксер или гладиатор и, наконец, писатель. И вдруг мне показалось, что я совершенно отчетливо услышал чей-то далекий голос, который сказал по-французски эту фразу:

— Mais ils ne sont sortis de l'éternité que pour s'y perdre de nouveau[15].

Я перестал бывать в этом квартале Парижа и в этом кафе и только случайно вернулся туда почти через два года после того, как последний раз видел там этих людей. Их там не было. На следующий раз, через несколько дней, тоже. Наконец, однажды, когда я снова туда пришел, я увидел Марию. Но он был один. Он сидел за тем же столиком, где раньше они сидели вчетвером, перед стаканом красного вина и неподвижными глазами смотрел прямо перед собой. Его, казалось, ничто не могло изменить — та же щетина, та же шляпа, тот же дождевик. И тот же акцент, — я в этом убедился через несколько минут, когда возникло недоразумение между ним и гарсоном, который не хотел больше верить ему в кредит и грозил вызвать полицейского. Я подумал, что судьба дает мне удобный предлог для знакомства, заплатил за его вино и предложил ему выпить еще, на что он немедленно согласился. Я сел против него, заказал себе кофе и спросил по-русски:

— Простите, пожалуйста, что стало с вашими спутниками?

— А? — сказал он. — Вы их знали?

— Да, я неоднократно вас видел здесь всех вместе, это было года два тому назад.

— Да, да, — сказал он. — Это было хорошее время. С тех пор многое изменилось. Они оба умерли — и Марсель и Пьер. Пьер как-то вернулся домой немного выпивши и забыл закрыть газ в кухне. Марсель умер скоропостижно, на улице — сердце. Мадлэн сейчас в больнице, вот уже третий месяц. Почему вас все это интересует?

Потом он наконец заговорил о литературе, и тогда стало очевидно, что это действительно было главное в его жизни. Он не сказал мне, что именно он пишет теперь, и только упомянул о том, что он сотрудник одного из самых распространенных русских журналов и что ему приходится много работать за ничтожную плату. Зато он говорил о другом, о своих прежних произведениях и их печальной судьбе. Он страдал, как мне показалось, особенной формой мании преследования, впрочем, довольно распространенной: он был жертвой зависти, интриг и

---

[15] Но они вышли из вечности, чтобы снова там потеряться (фр.)

45

безмолвного литературного заговора, в котором участвовали самые разные люди. Одни из них завидовали его таланту, другие боялись его конкуренции, и поэтому, как он сказал, его нигде не печатали. По его словам, он печатался в прежнее время, в России, где у него был большой успех. По одному этому наивному выражению «большой успех» можно было судить о его простодушии, как по остальным его высказываниям — о его неиспорченности, против которой оказались бессильны жестокие внешние обстоятельства его жизни и множество других, не менее неблагоприятных вещей. Даже тех, кто делал все, чтобы не дать ему возможности печататься здесь, за границей, он не склонен был очень обвинять.

— Вы знаете, — сказал он мне, — эти люди держатся за свои места в редакциях, это понятно. Другие, помоложе, эти самые модернисты, они из кожи лезут вон, чтобы выдумать что-нибудь необыкновенное. А я художник. Я пишу о том, что вижу, больше ничего. И это есть настоящая литература.

Через некоторое время я снова встретил его в том же кафе, опять одного. Он никогда не бывал по-настоящему пьян; но с таким же правом можно было сказать, что он никогда не был трезв; он неизменно находился в промежуточном состоянии, похожем на какой-то, ускользающий от точного определения, переходный момент алкогольной эволюции. Он был близок к опьянению, но не пьян, и в этом было нечто вроде почти математической недостижимости, как в теореме о пределах вписанных и описанных многоугольников.

В тот раз он вынул из кармана рукопись, напечатанную на машинке, и дал мне ее, чтобы я ее прочел.

Это был довольно короткий роман — и я читал его с чувством тягостной неловкости. Он был написан от первого лица, и его героиней была женщина. Несмотря на дурной вкус, с которым это было сделано, на невероятное количество многоточий и восклицательных знаков, на явную, нищенскую бедность языка, было очевидно, что выполнению этой книги предшествовало огромное и мучительное усилие воображения. Каждое физическое и душевное состояние героини было описано во всех подробностях. Это было неправдоподобно, но было сделано с необыкновенным богатством деталей и с явной любовью к этому сюжету, который не стоил и десятка строк. Конечно, героиня была очень красивой женщиной, никто никогда не мог оценить ее редкого душевного очарования, и она кончала самоубийством. Роман назывался «Жизнь Антонины Гальской».

В тот день — это было начало февраля, — когда он передал мне свою рукопись, я видел его последний раз в моей жизни. Когда я вернулся в это кафе, примерно через месяц, гарсон сказал мне, что он умер в больнице от болезни печени. Гарсон передал мне записку на разграфленной в клетку бумаге, такой же самой, на какой был напечатан его роман. В этой записке, написанной по-французски с орфографическими ошибками, меня просили прийти в это же кафе, тогда-то, в таком-то часу. Записка была подписана Мадлэн.

Свидание было на следующий день. Мадлэн пришла, в своем черном платье, такая же худая и темнолицая, как всегда. Но мутные ее глаза были печальны, и в них оставалось больше того запоздалого выражения дерзости, которое поразило меня, когда я увидел ее первый раз. Она говорила мало и с усилием. Она сказала мне, что он умер, что он был известным русским писателем, что на его имя продолжают приходить письма от читательниц. Она просила меня пойти с ней и взять его рукописи. Он ей сказал перед смертью, что их надо передать именно мне, потому что я был единственным человеком, который его по-настоящему понял и оценил. Мадлэн не могла захватить их с собой, так как с утра ушла в город и не успела побывать дома. Я пошел с ней.

Мы долго поднимались по узкой каменной лестнице, мимо темных дверей с давно облупившейся краской. Над нами и под нами, в неподвижном холодном воздухе, на разных этажах, слоями стояли запахи кухни, белья, капусты, лука, золы, плыла далекая струя оскорбительно-одуряющих духов: по-видимому, некоторое время тому назад наверх прошла какая-то проститутка, и ее одеколонный след пересекал эту вертикальную последовательность удушливых прослоек. На самом верху лестницы, на последней ее площадке, Мадлэн отворила дверь, которая, вероятно, никогда не запиралась, и мы вошли в комнату, точно похожую на те, описания которых в бульварных романах мне всегда казались преувеличенными. В ней был земляной пол, две кровати из ржавого железа, разбитое зеркало, выщербленный таз для умывания, две табуретки, гвозди, вбитые в стену вместо вешалок, и маленький узкий стол, на котором стояла керосиновая лампа с жестяным рефлектором.

— Мы прожили с ним здесь вместе много лет, — сказала Мадлэн. — Иногда к нам приходили друзья, Пьер и Марсель. Они оба умерли, так же, как и он. И все это случилось так быстро, monsieur, так быстро.

Я слушал ее отрывистые слова — и меня вдруг поразила

47

необыкновенная выразительность ее низкого и хриплого голоса. И мне показалось — это было нечто вроде слуховой галлюцинации, — что именно этот голос произнес ту фразу, которой никогда никто не говорил и которую слышал только я:

— Mais ils ne sont sortis de l'éternité que pour s'y perdre de nouveau.

Я взял сверток рукописей. Мадлэн сказала:

— Благодарю вас, monsieur. Он мне сказал, что вы к нему хорошо относились. Если я могу вам быть полезной, рассчитывайте на меня.

— Если я могу быть вам полезной... — В этом было какое-то странное смешение понятий, насколько неестественное и почти что жуткое, что мне на минуту стало не по себе. Я поблагодарил Мадлэн и пожал на прощание ее жесткую руку.

— Он сотрудничал в русском журнале «Парижская неделя», — сказала она, — я не могу вам дать номера этого журнала, я оставила их себе на память.

Я сказал, что я понимаю ее, и ушел.

* * *

Я стал разбирать эти рукописи в тот же вечер. Я был один в своей квартире, и, после того как я побывал в комнате Мадлэн, я испытывал тягостное ощущение напрасного стыда за все, что меня окружало и на что я до сих пор никогда не обращал внимания: обои, ковры, вешалки, диван, кресла, ванна, книги на полках. Первая же статья, которую я начал читать, меня удивила. Она называлась «Женщина в сорок лет» и начиналась так:

«Время бежит незаметно. Жизнь ткет свою пряжу. Казалось, только вчера вам было двадцать лет. Сегодня вам может быть тридцать два года. Еще немного, и вот уже приближаются фатальные сорок лет. Но не надо отчаиваться. Если вы юны и стройны, то только ваше лицо может выдать ваш возраст, поэтому надо обратить все внимание на макияж».

Дальше шли подробные советы — как следует пудриться, каким должен быть крем для лица и так далее. «Будьте осторожны в выборе красок. Контрасты, — избегайте контрастов! Сглаживайте дефекты. Употребляйте палевые тона для век. Одно яркое пятно на вашем лице — рот. Он придает лицу мягкость». «Воздерживайтесь от крепких спиртных напитков». «Если вы будете всегда в ровном настроении, с ясной душой, вы долго еще на радость тем, кого вы любите, будете юны не только душой, но и туловищем».

Статья была подписана: «Княжна Мэри». Я стал читать дальше — все было приблизительно то же самое. «Культурные нации давно поняли, что массаж лица не только не мешает, а, наоборот, способствует культуре духа. Об этом писали еще римляне». «Для массажа подбородка — давите сильнее. Не бойтесь, это безопасно, так как там у вас кость». «Избегайте слишком сильно пудрить нос: от этого он увеличивается в размере».

«В светском разговоре необходимо показать скромный, культурный блеск. Цитируйте стихи. Но не те, которые все знают наизусть. Цитируйте, например, такие стихотворения, как то, которое напечатано в одном из предыдущих номеров нашего журнала:

> Грациозна и смугла,
> Вся и счастье и измена,
> Улыбался прошла
> Кадиксаяская морена.

Потом шли описания туалетов. «Очень элегантен, хотя несколько строг ансамбль из черного крепдешина. Зеленые листья инкрустированы возле талии и по всему манто труа кар». «Вечером носят светлые тона: цикламен, гелиотроп, лиловый». «Платье шемизье классического фасона».

И всюду одна и та же подпись: «Княжна Мэри». Я отложил рукописи в сторону. В тот вечер я ощутил с необыкновенной отчетливостью, которой потом, позже, не могли восстановить никакие усилия моего воображения, всю призрачность этой человеческой жизни. Все, что казалось чем-то печально неопровержимым и непоправимым в существовании этого человека, все это были неважные, в конце концов, подробности. Все: и жестокая нищета, и одутловатое от вина, небритое лицо, и дряблое мужское тело, и порванный дождевик, и брюки с бахромой, и дурные запахи, и плохое знание французского языка, и невежественность, и полная невозможность присутствовать когда бы то ни было на каком бы то ни было «светском приеме», где надо цитировать стихи и показывать скромный, культурный блеск, — все это было совершенно несущественно. Потому что, когда этот человек оставался один, в том мире, который был для него единственной реальностью, с ним происходило чудесное и торжественное превращение. Все приходило в движение: смещались мускулы, сбегались линии, звучали стихи и мелодии, вспыхивали электрические люстры, в воздухе плыли классические и строгие ансамбли из черного крепдешина, раздавался безупречный французский выговор: вечерний прием у британского посла в Париже, на rue du Fg. St. Honoré. И если бы у моего бедного знакомого, судьба которого так внезапно пересекла мою жизнь, хватило сил на последнее творческое усилие, то на серой простыне больничной койки, вместо окостеневшего трупа старого нищего, лежало бы юное тело княжны Мэри — во всем своем торжестве над невозможностью, временем и смертью.

# НИЩИЙ

Наверху, на Елисейских Полях, где в это зимнее время уже с четырех часов дня зажигались световые рекламы и освещались витрины огромных кафе, шли ледяные дожди со снегом, а внизу, в длинных переходах метро, воздух был теплый и неподвижный. Посередине одного из этих переходов, всегда на том же самом месте, стоял старый, оборванный человек без шапки, с грязно-розовой лысиной, вокруг которой, над висками и над затылком, торчали во все стороны седые волосы. Как большинство парижских нищих, он был одет во что-то бесформенное. И его пальто и его штаны имели такой вид, точно они никогда не были другими, как будто их сделали по заказу именно такими, с этими мягкими складками, с этим отсутствием сколько-нибудь определенных линий и контуров, как платье или рубище, в которое одевались бы люди, принадлежащие к какому-то другому миру, а не к тому, который их окружал. Этот человек стоял недалеко от слепого юноши, игравшего на гармонии целыми часами одну и ту же мелодию - "Болеро" Равеля, между двумя рекламами: на одной был изображен ухмыляющийся усатый мужчина, державший в руке чашку кофе, марка и качество были указаны внизу, в том месте, где тело этого человека было отрублено прямой линией, под которой было сказано, что лучшего кофе не бывает. На второй рекламе юная блондинка с блаженно счастливым выражением фарфорово-розового лица развешивала на веревке простыни мертвенно-белого цвета, выстиранные в теплой воде, куда был всыпан особенный порошок, придающий белью невиданную белизну. Огромные бумажные листы с этими рекламами годами висели на одном и том же месте, так же, как годами там стоял старый нищий, такой же неподвижный, как усатый мужчина с чашкой кофе и блондинка с застывшей на бумаге рукой, протянутой к простыне. Но он не видел этих реклам; вернее, они не вызывали никакого отражения в его глазах, и если бы его спросили, что было на этих листах бумаги, он не мог бы вспомнить.

Но его никто ни о чем не спрашивал. Уже много лет, с тех пор как он стал нищим, одной из особенностей его существования было то, что он почти перестал говорить, не

51

только оттого, что он этого не хотел, а еще и потому, что в этом не было никакой необходимости. Слова, и их значение, так же давно потеряли для него свой прежний смысл, как все то, что предшествовало его теперешней жизни. Однажды он увидел брошенную кем-то газету: она лежала на сером полу коридора метро, и на первой ее странице огромными буквами были напечатаны слова: "Война в Корее". Он посмотрел на газету своими тусклыми глазами и не запомнил ни этого сочетания букв, ни их значения. Этой войны, за которой следили миллионы людей во всем мире, для него не было, как не было и ничего другого, кроме его собственного длительного бреда, через который он медленно и неуклонно приближался к смерти. Иногда, когда он выходил ночью из метро и шел по безлюдным улицам Парижа, через весь город, к тому пустырю на окраине, где стоял огромный деревянный ящик, в котором он ночевал, его останавливали полицейские и спрашивали, как его зовут, где он живет и есть ли у него деньги. Не глядя на тех, кто задавал ему эти вопросы, он отвечал, что его зовут Густав Вердье и что он живет возле Porte d'Italie. Потом он вынимал из кармана и показывал им несколько кредитных билетов, всегда одних и тех же. Полицейские отпускали его, и он продолжал свой путь. Поздней ночью он добирался до своего ящика, отворял дощатую дверь, запиравшуюся на крючок, нагибался, входил и сразу ложился на матрац, служивший ему постелью. Этот ящик достался ему после того, как старик, такой же нищий, как и он, который сам себе его построил и откуда-то достал матрац, умер летней ночью от сердечного припадка и его через несколько дней обнаружили полицейские, которые узнали о его смерти потому, что было жарко и труп старика начал разлагаться. И когда ящик освободился, Густав Вердье вошел туда и с тех пор там оставался. Ящик был пропитан трупным смрадом, к которому он привык и который потом постепенно менялся, приобретал все новые и новые оттенки. От вони в ящике сначала захватывало дух; но затем становилось легче, так, точно в этом отравленном воздухе устанавливалось какое-то неопределенное равновесие между опасностью задохнуться и возможностью дышать. В этом ящике, от старика, который в нем умер, осталось небольшое зеркало из полированной стали - все, что отражалось в нем, приобретало холодный металлический оттенок; осталась еще свеча, коробка серных спичек, тазик для воды, маленькое ведро, выщербленная бритва, кусок мыла и серая тряпка, сквозь которую был виден свет и которая служила ему полотенцем.

Все это, входившее в то последнее представление о мире, которое старик унес с собой в могилу, было на картонной коробке из-под консервов, кроме ведра, стоявшего в углу. Больше у старика не было ничего.

Все это - и ящик с матрацем, и долгие часы в переходах метро, и медленные ночные странствования через заснувший город, и то, что большинство людей, которых он встречал или которые проходили мимо него, явно его сторонились и смотрели на него невидящим взглядом, как смотрят на пустое место, все это представлялось ему в течение последних месяцев и недель в крайне смутных и неверных очертаниях, точно сквозь пелену тумана. Он давно уже забыл о том, что можно испытывать желание есть: голодать ему никогда не приходилось, всегда были деньги на кусок хлеба, сыр и вино; кроме того, ранним утром в мусорных ящиках, стоявших на улицах, было легко найти остатки пищи, выброшенной хозяйками; на центральном рынке достаточно было пройти небольшое пространство, чтобы набить свою сумку овощами, подобранными с земли. Но теперь ему, чтобы насытиться, нужно было очень мало. Он засыпал и просыпался с одним и тем же шумом в голове, который начался в последнее время и сквозь который все другие звуки доходили до него заглушенными и не ясными. Иногда у него было такое ощущение, что его грудь вдруг охватывалась точно железным обручем, он начинал задыхаться, и все, что было вокруг него, сразу тонуло в этом ощущении боли и переставало существовать. Тогда он закрывал глаза и прислонялся к стене, почти теряя сознание. Но через несколько минут боль отпускала, он опять открывал глаза и мутно смотрел перед собой, на серые стены, окружавшие его, на людей, которые проходили мимо, на рекламы, которых он не видел. Он уже давно перестал не только обдумывать что бы то ни было, но и думать вообще; это было то же самое, что исчезнувшая необходимость говорить. И в этой немой и бездумной жизни оставалась только смена ощущений - шум в голове, боль, сон, зуд кожи от укусов насекомых, тяжелая вонь ящика, которую он чувствовал, входя туда после долгого пребывания на воздухе, холод, жара, жажда.

И вот в последнее время к этому прибавилось что-то новое, это тоже было ощущение, но очень особенное, ледяное и неотступное. И тогда он впервые за все последние годы сделал над собой усилие, от которого давно отвык, подумал об этом и сразу понял и значение шума в голове, и ощущение железного обруча вокруг груди. Он вспомнил свой возраст - ему было семьдесят шесть лет, - и ему стало ясно, что долгая его жизнь подходит к концу и что этого ничто не может теперь изменить. С этого дня, стоя в коридоре метро, то закрывая, то открывая глаза, он вновь начал думать о том, что занимало его мысли много лет тому назад. Это было бесконечно давно, задолго до того, как он стал таким, каким он был теперь. Вопрос, который в то время неотступно стоял перед ним и на который, как он знал это и тогда и теперь, не было и не могло быть ответа, - это был вопрос о том, какой смысл имела его жизнь, зачем она была нужна и для какой таинственной цели возникло это долгое движение, которое теперь привело его сюда, в этот теплый каменный туннель под Елисейскими Полями. Сквозь шум в голове он опять услышал ту мелодию, которую играл слепой юноша с гармонью. До сих пор он был настолько далек от окружающего, что воспринимал эту музыку как механическое раздражение слуха, не отдавая себе отчета в том, что это такое. Теперь он вдруг узнал эту мелодию и вспомнил, что это было "Болеро" Равеля, которого еще в прежнее время он терпеть не мог; ему всегда казалось, что в этом тупом повторении одних и тех же варварских звуков, в их дикарском и примитивном ритме было что-то, действующее на нервы. "Болеро" вызывало у него почти физическое отвращение. Когда он это слышал последний раз? Он сделал усилие и вспомнил, что это было очень давно, на концерте. Он отчетливо увидел перед собой концертный зал, фрак дирижера, его лысую голову, ряды кресел, множество знакомых лиц, мужских и женских, которые возникали перед ним или в черно-белых рамках смокингов, воротничков и галстуков, или в вялых цветах напудренной кожи женских шей и плеч, обрывавшихся там, где кончались платья, над вырезанными линиями которых сверкали разными световыми отливами ожерелья. Он вспомнил, как судорожно дергался дирижер в ритм музыке и такими же дергающимися движениями вверх и вниз по струнам скрипок подымались и опускались смычки. Он сидел тогда во втором ряду, не поворачивая головы в сторону жены, чтобы не видеть ее лица и холодно-глупого выражения ее глаз. Был декабрьский вечер с таким же ледяным дождем, как теперь, но в концертном зале было теплее, чем в переходах метро. После концерта был ночной ресторан, белое вино и устрицы, и в ресторане ему было так же неприятно, как в концертном зале, и он с тоской смотрел, как неутомимо действовали толстые пальцы его жены, которыми она держала раковины, и думал о том, когда он наконец вернется домой и останется один с ощущением иллюзорной и кратковременной свободы. И вот это возвращение домой, в тот пригород Парижа, где находился особняк, в котором он жил, то, что он входил в свою спальню и затворял за собой дверь, - это, в сущности, было похоже на его возвращение в тот ящик, где он жил теперь, с той разницей, что теперь он был свободен.

Слепой юноша перестал на некоторое время играть, и "Болеро" умолкло. Старик продолжал думать, все стараясь понять что-то, как ему казалось, необыкновенно важное, возможность какого-то объяснения всего, которое от него ускользало. Он был теперь свободен - потому, что он был никому не нужен; у него не было ни имущества, ни денег, ни возможности какого бы то ни было влияния где бы то ни было, ни возможности кому бы то ни было, чем бы то ни было помочь или повредить, одним словом, ничего, что связывало бы его с другими людьми и устанавливало какую бы то ни было зависимость между ним и ими. У него даже не было имени, потому что людей с его фамилией были тысячи и тысячи, так что она становилась почти анонимной и никому в голову не могла прийти мысль, что нищий с грязно-розовой лысиной и окружавшим ее бордюром седых волос, стоявший в коридоре метро под Елисейскими полями, и тот Вердье, который был на концерте, где исполнялось "Болеро" Равеля, и об исчезновении которого много лет тому назад писали все газеты, могут иметь между собой что-то общее. О причинах этого исчезновения никто не догадался, и ни одно из тех предположений, которые высказывались тогда в газетных статьях, не имело никакого отношения к действительности - самоубийство, неудержимая страсть к какой-то неизвестной женщине, двойная жизнь, которая этому предшествовала, состояние дел. Дела оказались в полном порядке, никакой двойной жизни не было, как не было ни страсти, ни неизвестной женщины. Люди, которые принадлежали к той же среде, что и он, не были бы способны понять, как такой человек, как Вердье, мог отказаться от жизни, которую он вел, и стать бродягой и нищим - без того, чтобы его вынудили к этому какие-то повелительные причины, - банкротство, разорение, помешательство, алкоголизм. Но ничего этого не было - и поэтому, в области тех понятий, которые определяли все возможности поступков в этой среде, не было и не могло быть никакого объяснения тому, что произошло. В этой среде были, однако, люди так называемых передовых взглядов; некоторые из них писали исторические или социологические исследования о причинах той или иной революции или бунта обездоленных людей против своей судьбы и тех, кого они считали в ней виновными, против класса собственников. Но никому из авторов таких исследований не могла прийти в голову мысль, что возможен добровольный отказ от того самого благосостояния, во имя проблематического достижения которого совершались - по их мнению - революции. И настолько естественно было представить себе бедного, который стремился к благосостоянию или богатству, настолько неестественно было вообразить обратное движение, т. е. богатого, который стремился бы стать бедным. Вердье прекрасно понимал это. Из этих слов - богатство, бедность и бунт - можно было составить разные сочетания; но главное слово, это все-таки было слово "бунт". У Вердье не было никакой ненависти к богатству и никакого стремления к бедности или нищете. Но всю свою жизнь - до тех пор, пока он не добился свободы, отказавшись от того, что другие считали величайшим благом, - он безмолвно и постоянно бунтовал против той системы насилия над ним, которая его окружала со всех сторон и которая заставляла его жить не так, как он хотел, а так, как он должен был жить. Никто никогда его не спрашивал, хочет он этого или не хочет. Это было неважно, этого вопроса не существовало. Существовала фирма "Вердье и сын", которая производила точные измерительные приборы для металлургических заводов. В этой фирме были служащие и рабочие, начиная от директора и кончая подметальщиками. И фирма эта принадлежала Вердье, сначала отцу, потом сыну. У владельца этой фирмы было множество обязательств по отношению к самым разным людям, так или иначе с ним связанным. Был дом, была жена, были дети, приелуга, шофер, пожертвования, банковские операции, приемы, театры, концерты, переговоры с депутатами парламента, знакомства, выслушивание докладов о положении дел, о реорганизации того или иного отделения, необходимость быть там-то в таком-то часу, отвечать на такую-то речь, говорить об экономической эволюции, ехать в поезде, на автомобиле, на пароходе, лететь на аэроплане туда-то или туда-то, останавливаться в такой-то гостинице, читать такую-то газету, иметь суждение о таких-то композиторах или художниках - вот как выглядела та система постоянного насилия над ним, из которой он долго не видел выхода. Он мог, конечно, развестись с женой, хотя в его положении и возрасте и по отношению к его детям - взрослому сыну, молодому инженеру, который уже начинал лысеть, и дочери, полнощекой девушке с холодными, как у матери, глазами и пронзительным голосом, - этого не следовало, казалось бы, делать. Он мог развестись, хотя это вызвало бы целый ряд новых осложнений.

Но кроме этого, развод не избавлял его от других обязательств, которые оставались бы такими же. До тех пор пока он учился, сначала в лицее, затем в университете, до тех пор пока он, как выражался его отец, не "вступил по-настоящему в жизнь", он почти не страдал от той системы насилия, хотя уже тогда он ставил себе тот вопрос, на который никогда не мог найти ответа и который мучил его всю жизнь: какое таинственное и непостижимое соединение миллионов и миллионов разных причин или случайностей определило сперва его появление на свет, а потом его жизнь, каков был смысл этого и чем он отличался от смысла существования других людей? И если этого смысла не было - что казалось наиболее правдоподобным, - то что было вместо этого? Пустота? С другой стороны, если не существовало понятия смысла, то, значит, не существовало морали. Но если бы не было морали, то было бы то. о чем кто-то сказал, что не будь угрозы возмездия, полиции и государственной власти и люди действовали бы, как это свойственно их природе, то на земном шаре остались бы только развалины, трупы и беременные женщины. Но тогда выходило, что мораль - это государство и полиция, то есть воплощение коллективной охраны, инстинкт самосохранения общества, а так называемая индивидуальная мораль это страх, наследственность, брезгливость, но отнюдь не блистательное и совершенное отражение смысла и назначения человека на земле. В молодости, когда об этом думал, это была, в сущности, отвлеченная проблема. А когда произошло "вступление в жизнь", это с самого начала приобрело тот трагический характер, по сравнению с которым все, что предшествовало этому периоду, казалось идиллическим и счастливым. Как все это могло случиться? Вердье вспомнил, как он вернулся из Англии, куда его отправил в свое время отец, считавший, что он должен кончить университет именно там, в Оксфорде. Ему было двадцать четыре года, и его интересовало многое - музыка, живопись, литература, философия. Меньше всего он думал о делах, и в этом не было необходимости. Он собирался стать писателем, ему казалось, что именно в этом его призвание, и он все искал сюжета для своего первого романа - и только потом, значительно позже, понял, что ни при каких обстоятельствах он писателем не стал бы, - именно потому, что искал сюжета. Не найдя сюжета, он стал думать о необходимости написать нечто вроде трактата об особенностях английской прозы, но и в этом дальше нескольких фраз не пошел. В июле следующего года, через два дня после того как он приехал на юг, где собирался провести лето, он получил телеграмму, в которой было сказано, что его отец тяжело заболел. И когда он вернулся домой, он увидел только труп отца, который умер накануне от апоплексического удара. Потом были похороны, речи, введение в права наследства, и затем началось то закрепощение, от которого нельзя было уйти, все эти бесконечные обязательства и все, что было с ними связано. Через несколько месяцев он понял, что - до тех пор пока это будет продолжаться, - у него никогда не будет времени на то, что называется личной жизнью. Его мать, здоровье которой становилось все хуже и хуже, говорила ему слабым голосом, что семья Вердье должна иметь наследника, надо подумать о том, что жизнь не ждет, годы идут и так далее, словом, необходимо жениться. И с такой же неизбежностью, с какой Вердье присутствовал на похоронах своего отца, которого он, в сущности, мало знал, потому что, когда был мальчиком, он редко его видел, так как отец был всегда занят, а позже видел его еще меньше, потому что учился и жил за границей, с такой же неизбежностью он потом присутствовал на своей собственной свадьбе; со своей будущей женой он был знаком в общем недолго и потом спрашивал себя, как все это произошло. Только позже он нашел на это ответ, в одинаковой степени печальный и нелестный для себя. В ней была тогда, в то время, несмотря на холодную пустоту ее глаз, - ту самую пустоту, в которой позже он отчетливо увидел уже нечто другое, что без колебания определил как глупость, - в ней была, - в ее движениях, в линиях ее тела, - какая-то животная и теплая привлекательность. Это было одно. Второе это то, что с самого начала их знакомства она вела себя с непоколебимой уверенностью в том, что все должно произойти именно так, а не иначе, как будто все было ясно и заранее определено, и так как это все равно было неизбежно, то Вердье тоже невольно усвоил этот же тон, и когда он вдруг подумал, что он собирается сделать нечто важное, чего он совсем не хочет, то было уже слишком поздно. Может быть, это было не совсем так, но так казалось ему теперь, и он подумал, что память семидесятишестилетнего старика не может восстановить тех чувств, которые он испытывал тогда, когда ему было двадцать пять лет и когда он был другим, в сущности, человеком. Может быть, это было не так, может быть, было все-таки какое-то чувство, забытое совершенно безвозвратно, и которое было значительно слабее, чем, например, воспоминание о вкусе устриц после концерта, на котором исполнялось "Болеро" Равеля. Потом у него были любовницы, покорно раздевавшиеся, когда он приходил к ним по вечерам. Он и тогда знал, что ни одна из них его не любила понастоящему, и это было понятно: у него самого никогда не было ни неудержимого тяготения к женщине, ни того чувства любви, о котором он столько читал в книгах. Было вместо этого нечто вроде физической жажды, досадной, утомительной и раздражающей; и когда жажда была утолена, от всего этого оставался только неприятный осадок, и больше ничего. Позже он понял, что он был слишком беден душевно, чтобы испытать настоящее чувство, и в течение некоторого времени эта мысль была ему очень неприятна. Но потом он перестал об этом думать.

Он вспомнил, что у него была репутация очень доброго и щедрого человека, который помогал всем, кто обращался к нему за помощью. Но и это было неверно: он не был, в сущности, ни добр, ни щедр. Он действительно никому не отказывал, но поступал так потому, что его раздражали люди, рассказывавшие ему скучными словами о своем бедственном положении, которое его совершенно не интересовало. Он всегда спешил избавиться от этих разговоров и охотно давал сумму, о которой его просили. Кроме того, денег ему действительно не было жаль, но не потому, что он был щедр, а оттого, что он никогда не понимал, как люди могут придавать им какую-то особенную ценность, которой они не имеют. Ему деньги были нужны только для других жены, детей, служащих его фирмы, еще кого-то, но не для себя.

Вдалеке, за поворотом длинного коридора, прошумел последний поезд метро. Вердье сдвинулся со своего места, медленно поднялся но лестнице и вышел на Елисейские Поля. Дождя с жидким снегом больше не было, но дул ледяной ветер. Волоча ноги по холодным плитам тротуара, он опять начал свое долгое путешествие через город, туда, где кончались, возле Porte d'Jtalie, освещенные места и где чернел пустырь, на котором стоял его ящик. Он шел знакомой дорогой, не глядя по сторонам, и продолжал думать о тех вещах, которые, казалось, давно и безвозвратно были похоронены и забыты, но которые теперь опять возникали перед ним. Когда ему было около пятидесяти лет и когда все, что он вынужден был делать, его утомляло и раздражало, когда не осталось даже того немногого, в чем он раньше находил некоторое удовлетворение - особенный оттенок во вкусе вина в ресторане, ощущение мягкой постели, в которую он ложился поздним вечером, блаженное состояние, когда он чувствовал, что сейчас заснет, - в этот период времени он опять начал читать. До этого, в течение многих лет, он читал только газеты. Теперь он взялся за книги, те самые, которые он читал когда-то в университете и содержание которых тогда так захватывало его. Теперь это все изменилось до неузнаваемости. Вернее, изменилось не то, что было в этих книгах. Нет, это было гораздо трагичнее. По мере того как он читал разных авторов, он убеждался в том, что он потерял способность понимать те побуждения и чувства, которые заставляли героев этих произведений совершать те или иные поступки. Зачем нужно было жертвовать всем в своей жизни, чтобы добиться богатства или власти? - потому что богатство не имеет ценности, а власть создает утомительную ответственность. Зачем воевать? - потому что всякая война бессмысленна. Зачем нужно было Гамлету убивать Полония? Зачем люди шли на лишения и смерть, особенно на смерть, которая все равно придет, рано или поздно, и которую незачем торопить?

# НОЧНЫЕ ДОРОГИ

Посвящается моей жене

Несколько дней тому назад во время работы, глубокой ночью, на совершенно безлюдной в эти часы площади Св. Августина я увидел маленькую тележку, типа тех, в которых обычно ездят инвалиды. Это была трехколесная тележка, устроенная как передвижное кресло; впереди торчало нечто вроде руля, который нужно было раскачивать, чтобы привести в движение цепь, соединенную с задними колесами. Тележка с удивительной медленностью, как во сне, обогнула круг светящихся многоугольников и стала подниматься по бульвару Осман. Я приблизился, чтобы лучше ее рассмотреть; в ней сидела закутанная, необыкновенно маленькая старушка; видно было только ссохшееся, темное лицо, уже почти нечеловеческое, и худенькая рука такого же цвета, с трудом двигавшая руль. Я видел уже неоднократно людей, похожих на нее, но всегда днем. Куда могла ехать ночью эта старушка, почему она оказалась здесь, какая могла быть причина этого ночного переезда, кто и где мог ее ждать?

Я смотрел ей вслед, почти задыхаясь от сожаления, сознания совершенной непоправимости и острого любопытства, похожего на физическое ощущение жажды. Я, конечно, не узнал о ней решительно ничего. Но вид этого удаляющегося инвалидного кресла и медленный его скрип, отчетливо слышный в неподвижном и холодном воздухе этой ночи, вдруг пробудил во мне то ненасытное стремление непременно узнать и попытаться понять многие чужие мне жизни, которое в последние годы почти не оставляло меня. Оно всегда было бесплодно, так как у меня не было времени, чтобы посвятить себя этому. Но сожаление, которое я испытывал от сознания этой невозможности, проходит через всю мою жизнь. Позже, когда я думал об этом, мне начинало казаться, что это любопытство было, в сущности, непонятным влечением, потому что оно упиралось в почти непреодолимые препятствия, происходившие в одинаковой степени от материальных условий и от природных недостатков моего ума и еще оттого, что всякому сколько-нибудь отвлеченному постижению мне мешало чувственное и бурное ощущение

61

собственного существования. Кроме того, я упорно не мог понять страстей или увлечений, которые мне лично были чужды; мне, например, приходилось каждый раз делать над собой большое усилие, чтобы не считать всякого человека, с беззащитной и слепой страстью проигрывающего или пропивающего все свои деньги, просто глупцом, не заслуживающим ни сочувствия, ни сожаления, — потому что, в силу случайности, я не выносил алкоголя и смертельно скучал за картами. Так же я не понимал донжуанов, переходящих всю жизнь из одних объятий в другие, — но это по другой причине, которой я долго не подозревал, пока у меня не хватило мужества продумать это до конца, и тогда я убедился, что это была зависть, тем более удивительная, что во всем остальном я был совершенно лишен этого чувства. Возможно, что и в других случаях, если бы произошло какое-то неуловимое изменение, оказалось бы, что те страсти, которых я не понимал, тоже стали бы мне доступны, и я также подвергся бы их разрушительному действию, и на меня с таким же сожалением смотрели бы другие, чуждые этим страстям люди. И то, что я их не испытывал, было, быть может, всего лишь проявлением инстинкта самосохранения, более сильного во мне, по-видимому, чем в тех моих знакомых, которые проигрывали свои жалкие заработки на скачках или пропивали их в бесчисленных кафе.

Но бескорыстному моему любопытству ко всему, что окружало меня и что мне с дикарской настойчивостью хотелось понять до конца, мешал, помимо всего остального, недостаток свободного времени, происходивший, в свою очередь, оттого, что я всегда жил в глубокой нищете и заботы о пропитании поглощали все мое внимание. Однако это же обстоятельство дало мне относительное богатство поверхностных впечатлений, какого у меня не было бы, если бы моя жизнь протекала в иных условиях. У меня не было предвзятого отношения к тому, что я видел, я старался избегать обобщений и выводов, но, помимо моего желания, вышло так, что два чувства овладевают мною сильнее всего, когда я думаю об этом, — презрение и жалость. Сейчас, вспоминая этот печальный опыт, я полагаю, что я, может быть, ошибался и эти чувства были напрасны. Но их существование в течение долгих лет не могло быть ничем преодолено, и оно теперь так же непоправимо, как непоправима смерть, и я не мог бы от них отказаться; это было бы такой же душевной трусостью, как если бы я отказался от сознания того, что глубоко во мне жила несомненная и непонятная жажда убийства, полное презрение к чужой собственности и готовность к измене и разврату. И привычка оперировать воображаемыми, никогда не происходившими — по-видимому, в силу множества случайностей — вещами сделала для меня эти возможности более реальными, чем если бы они происходили в действительности; и все они обладали особенной соблазнительностью, несвойственной другим вещам. Нередко, возвращаясь домой после ночной работы по мертвым парижским улицам, я подробно представлял себе убийство, все, что ему предшествовало, все разговоры, оттенки интонаций, выражение глаз — и действующими лицами этих воображаемых диалогов могли оказаться мои случайные знакомые, или почему-либо запомнившиеся прохожие, или, наконец, я сам в качестве убийцы. В конце таких размышлений я приходил обычно к одному и тому же полуощущению-полувыводу, это была смесь досады и сожаления по поводу того, что на мою долю выпал такой неутешительный и ненужный опыт и что в силу нелепой случайности мне пришлось стать шофером такси. Все или почти все, что было прекрасного в мире, стало для меня точно наглухо закрыто — и я остался один, с упорным желанием не быть все же захлестнутым той бесконечной и безотрадной человеческой мерзостью, в ежедневном соприкосновении с которой состояла моя работа. Она была почти сплошной, в ней редко было место чему-нибудь положительному, и никакая гражданская война не могла сравниться по своей отвратительности и отсутствию чего-нибудь хорошего с этим мирным, в конце концов, существованием. Конечно, это объяснялось еще и тем, что население ночного Парижа резко отличалось от дневного и состояло из нескольких категорий людей, по своей природе и профессии чаще всего уже заранее обреченных. Но, кроме того, в отношении этих людей к шоферу всегда отсутствовали сдерживающие причины — не все ли равно, что подумает обо мне человек, которого я больше никогда не увижу и который никому из моих знакомых не может об этом рассказать? Таким образом, я видел моих случайных клиентов такими, какими они были в действительности, а не такими, какими они хотели казаться, — и это соприкосновение с ними, почти всякий раз, показывало их с дурной стороны. При самом беспристрастном отношении ко всем, я не мог не заметить, что разница между ними была всегда невелика, и в этом оскорбительном уравнении женщина в бальном туалете, живущая на avenue Henri Martin, немногим отличалась от ее менее удачливой сестры, ходившей по тротуару, как часовой, от одного угла до другого; и люди почтенного вида на Passy и Auteuil так же униженно торговались с шофером, как выпивший рабочий с rue de Belleville; и доверять никому из них было нельзя, я в этом неоднократно убеждался.

Я помню, как в начале шоферской работы я остановился однажды у тротуара, привлеченный стонами довольно приличной дамы лет тридцати пяти с распухшим лицом, она стояла, прислонившись к тротуарной тумбе, стонала и делала мне знаки; когда я подъехал, она попросила меня прерывающимся голосом отвезти ее в госпиталь; у нее была сломана нога. Я поднял ее и уложил в автомобиль; но когда мы приехали, она отказалась мне платить и заявила вышедшему человеку в белом халате, что я своим автомобилем сбил ее и что, падая, она сломала ногу. И я не только не получил денег, но еще и рисковал быть обвиненным в том, что называется невольным убийством. К счастью, человек в белом халате отнесся к ее словам скептически, и я поспешил уехать. И впоследствии, когда мне делали знаки люди, стоящие над чьим-нибудь распростертым на тротуаре телом, я только сильнее нажимал на акселератор и проезжал, никогда не останавливаясь. Человек в прекрасном костюме, вышедший из гостиницы Клэридж, которого я отвез на Лионский вокзал, дал мне сто франков, у меня не было сдачи; он сказал, что разменяет их внутри, ушел — и больше не вернулся; это был почтенный седой человек с хорошей сигарой, напоминавший по виду директора банка, и очень возможно, что действительно директор банка.

Однажды, после очередной клиентки, в два часа ночи, я осветил автомобиль и увидел, что на сиденье лежит женская гребенка с вправленными в нее бриллиантами, по всей вероятности фальшивыми, но вид у нее был, во всяком случае, роскошный; мне было лень слезать, я решил, что возьму эту гребенку позже. В это время меня остановила дама — это было на одной из авеню возле Champs de Mars — в собольей sortie de bal[16]; она поехала на авеню Foch; после ее ухода я вспомнил о гребенке и посмотрел через плечо. Гребенки не было, дама в sortie de bal украла ее так же, как это сделала бы горничная или проститутка.

Я думал об этом и о многих других вещах почти всегда в одни и те же утренние часы. Зимой было еще темно, летом светло в это время, и никого уже не было на улицах; очень

---

[16] Женская вечерняя накидка (фр.).

редко встречались рабочие — безмолвные фигуры, которые проходили и исчезали. Я почти не смотрел на них, так как знал наизусть их внешний облик, как знал кварталы, где они живут, и другие, где они никогда не бывают. Париж разделен на несколько неподвижных зон; я помню, что один из старых рабочих — я был вместе с ним на бумажной фабрике возле бульвара de la Gare — сказал мне, что за сорок лет пребывания в Париже он не был на Елисейских Полях, потому что, объяснил он, он там никогда не работал. В этом городе еще была жива — в бедных кварталах — далекая психология, чуть ли не четырнадцатого столетия, рядом с современностью, не смешиваясь и почти не сталкиваясь с ней. И я думал иногда, разъезжая и попадая в такие места, о существовании которых я не подозревал, что там до сих пор происходит медленное умирание Средневековья. Но мне редко удавалось сосредоточиться на одной мысли в течение более или менее продолжительного времени, и после очередного поворота руля узкая улица исчезала и начиналось широкое авеню, застроенное домами со стеклянными дверьми и лифтами. Эта беглость впечатлений нередко утомляла внимание, и я предпочитал закрывать глаза и не думать ни о чем. Никакое впечатление, никакое очарование не могло быть длительным при этой работе — и только потом я старался вспомнить и разобрать то, что мне удалось увидеть за очередную ночную поездку из подробностей того необыкновенного мира, который характерен для ночного Парижа. Всегда, каждую ночь, я встречал нескольких сумасшедших; это были чаще всего люди, находящиеся на пороге сумасшедшего дома или больницы, алкоголики и бродяги. В Париже много тысяч таких людей. Я заранее знал, что на такой-то улице будет проходить такой-то сумасшедший, а в другом квартале будет другой. Узнать о них что-либо было чрезвычайно трудно, так как то, что они говорили, бывало обычно совершенно бессвязно. Иногда, впрочем, это удавалось.

Я помню, что одно время меня особенно интересовал маленький невзрачный человек с усиками, довольно чисто одетый, похожий по виду на рабочего и которого я видел примерно каждую неделю или каждые две недели, около двух часов ночи, всегда в одном и том же месте на avenue de Versailles, на углу, напротив моста Гренель. Он обычно стоял на мостовой, возле тротуара, грозил кому-то кулаками и бормотал едва слышно ругательства. Я мог только разобрать, как он шептал: сволочь!.. сволочь!.. Я знал его много лет — всегда в одни и те же часы, всегда на одном и том же месте. Я заговорил наконец с ним, и после долгих расспросов мне удалось выяснить его историю. Он был по профессии плотник, жил где-то возле Версаля, в двенадцати километрах от Парижа, и мог приезжать сюда поэтому только раз в неделю, в субботу. Шесть лет тому назад он вечером повздорил с хозяином кафе, которое находилось напротив, и хозяин ударил его по физиономии. Он ушел и с тех пор затаил против него смертельную ненависть. Каждую субботу он приезжал вечером в Париж; и так как он очень боялся этого ударившего его человека, то он ждал, пока закроется его кафе, пил, набираясь храбрости, в соседних бистро один стакан за другим, и когда наконец его враг закрывал свое заведение, тогда он приходил к этому месту, грозил незримому хозяину кулаком и шепотом бормотал ругательства; но он был так напуган, что никогда не осмеливался говорить полным голосом. Всю неделю, работая в Версале, он с нетерпением ждал субботы, потом одевался по-праздничному и ехал в Париж, чтобы ночью, на пустынной улице, произносить свои едва слышные оскорбления и грозить в направлении кафе. Он оставался на авеню Версаль до рассвета — и потом уходил по направлению к порт Сен-Клу, время от времени останавливаясь, оборачиваясь и помахивая маленьким сухим кулаком. Я зашел потом в кафе, которое держал его обидчик, застал там пышную рыжую женщину за прилавком, которая пожаловалась на дела, как всегда. Я спросил ее, давно ли она держит это кафе, оказалось, что три года, она переехала сюда после смерти его прежнего владельца, который умер от апоплексического удара.

Около четырех часов утра я обычно ехал выпить стакан молока в большое кафе против одного из вокзалов, где знал всех решительно, начиная с хозяйки, старой дамы, с трудом жевавшей сандвич вставными зубами, до маленькой пожилой женщины в черном, которая не расставалась с большой клеенчатой сумкой для провизии, она постоянно таскала ее за собой; ей было лет пятьдесят. Она обычно тихо сидела в углу, и я недоумевал, что она здесь делает в эти часы: она была всегда одна. Я спросил об этом у хозяйки: хозяйка ответила, что эта женщина работает, как другие. В первое время такие вещи удивляли меня, но потом я узнал, что даже очень пожилые и неряшливые женщины имеют свою клиентуру и нередко зарабатывают не хуже других. В эти же часы появлялась смертельно пьяная худая старуха с беззубым ртом, которая входила в кафе и кричала: — Ни черта! — и потом, когда нужно было платить за стакан белого вина, которое она пила, она неизменно удивлялась и говорила гарсону: — Нет, ты

66

перегибаешь. — У меня создалось впечатление, что других слов она вообще не знала, во всяком случае, она никогда их не произносила. Когда она приближалась к кафе, кто-нибудь, оборачиваясь, говорил: — Вот идет Ничерта. — Но однажды я застал ее в разговоре с каким-то мертвецки пьяным оборванцем, который крепко держался двумя руками за стойку и покачивался. Она говорила ему — такими неожиданными в ее устах словами: — Я тебе клянусь, Роже, что это правда. Я тебя любила. Но когда ты в таком состоянии... — И потом, прервав этот монолог, она снова закричала: ни черта! Затем она исчезла в один прекрасный день, в последний раз прокричав: ни черта! — и больше никогда не появлялась; несколько месяцев спустя, заинтересовавшись ее отсутствием, я узнал, что она умерла.

Раза два в неделю в это кафе являлся человек в берете, с трубкой, которого называли m-r Мартини, потому что он всегда заказывал мартини, это происходило обычно в одиннадцатом часу вечера. Но в два часа ночи он был уже совершенно пьян, поил всех, кто хотел, и в три часа, истратив деньги — обычно около двухсот франков, — он начинал просить хозяйку отпустить ему еще один мартини в кредит. Тогда его обычно выводили из кафе. Он возвращался, его снова выводили, и потом гарсоны просто не пускали его. Он возмущался, пожимал покатыми плечами и говорил:

— Я нахожу, что это смешно. Смешно. Смешно. Все, что я могу сказать.

Он был преподавателем греческого, латинского, немецкого, испанского и английского языков, жил за городом, у него была жена и шесть душ детей. В два часа ночи он излагал философские теории своим слушателям, обычно сутенерам или бродягам, и ожесточенно с ними спорил; они смеялись над ним, помню, что они особенно хохотали, когда он наизусть читал им шиллеровскую «Перчатку» по-немецки, их забавляло, конечно, не содержание, о котором они не могли догадаться, а то, как смешно звучит немецкий язык. Я несколько раз отводил его в сторону и предлагал ему ехать домой, но он неизменно отказывался, и все мои доводы не оказывали на него никакого действия; он был, в сущности, доволен собой и, к моему удивлению, очень горд, что у него шесть человек детей. Однажды, когда он был еще наполовину трезв, у меня был с ним разговор; он упрекал меня в буржуазной морали, и я, рассердившись, закричал ему:

— Разве вы не понимаете, черт возьми, что вы кончите больничной койкой и белой горячкой и ничто вас от этого уже не может удержать?

— Вы не постигаете сущности галльской философии, — отвечал он.

— Что? — сказал я с изумлением.

— Да, — повторил он, набивая трубку, — жизнь дана для удовольствия.

Только тогда я заметил, что он пьянее, чем мне показалось сначала; оказалось, что в этот день он явился часом раньше, чем всегда, чего я не мог учесть.

С годами его сопротивляемость алкоголю уменьшилась, так же как его ресурсы, его вообще перестали пускать в кафе; и в последний раз, когда я его видел, гарсоны и сутенеры стравливали его с каким-то бродягой, стремясь вызвать между ними драку, потом их толкнули обоих, они упали, и m-r Мартини покатился по тротуару, затем на мостовую, где и остался лежать некоторое время, — под зимним дождем, в жидкой ледяной грязи.

— Это, если мне не изменяет память, вы называете галльской философией, — сказал я, поднимая его.

— Смешно. Смешно. Очень смешно — все, что я могу сказать, — повторял он, как попугай.

Я усадил его за столик.

— У него нет денег, — сказал мне гарсон.

— Если бы только это! — ответил я.

М-r Мартини вдруг протрезвился.

— В каждом случае алкоголизма есть какое-то основание, — сказал он неожиданно.

— Может быть, может быть, — рассеянно ответил я. — Но вы, например, отчего вы пьете?

— От огорчения, — сказал он. — Моя жена презирает меня, она научила моих детей презирать меня, и единственный смысл моего существования для них — это что я даю им деньги. Я не могу этого вынести и вечером ухожу из дому. Я знаю, что все потеряно.

Я смотрел на его залитый грязью костюм, ссадины на лице, сиротливые маленькие глаза под беретом.

— Я думаю, что уже ничего нельзя сделать, — сказал я.

Я знал в этом кафе всех женщин, проводивших там долгие часы. Среди них бывали самые разнообразные типы, но они сохраняли свою индивидуальность только в начале карьеры, затем, через несколько месяцев, усвоив профессию, становились совершенно похожими на всех других. Большинство было из горничных, но бывали исключения — продавщицы, стенографистки, довольно редко кухарки и даже одна бывшая владелица небольшого гастрономического

68

магазина, историю которой знали все: она застраховала его на крупную сумму, потом подожгла, и так неловко, что страховое общество отказалось ей заплатить; в результате магазин сгорел, а денег она не получила. И тогда они с мужем решили, что она будет пока что работать именно таким образом, а потом они опять что-нибудь откроют. Это была довольно красивая женщина лет тридцати; но ремесло это настолько захватило ее, что уже через год разговоры о том, что она опять откроет магазин, совершенно прекратились, тем более что она нашла постоянного клиента, почтенного и обеспеченного человека, который делал ей подарки и считал своей второй женой; он выходил с ней в субботу и в среду вечером, два раза в неделю, и потому в эти дни она не работала. Моей постоянной соседкой по стойке была Сюзанна, маленькая и густо раскрашенная белокурая женщина, очень склонная к особенно роскошным платьям, браслетам и кольцам; один передний зуб в верхней челюсти она сделала себе золотым, и это так нравилось ей, что она поминутно смотрелась в свое маленькое зеркальце, по-собачьи поднимая верхнюю губу.

— Красиво все-таки, — сказала она однажды, обратившись ко мне, — не правда ли?

— Я нахожу, что глупее не бывает, — сказал я.

С тех пор она стала относиться ко мне с некоторой враждебностью и изредка задевала меня. Особенное ее презрение вызывало то, что я пил всегда молоко.

— Ты все молоко пьешь, — сказала она мне дня через три, — не хочешь ли моего?

Она очень любила перемены, иногда пропадала на несколько дней — это значило, что она работала в другом районе, потом однажды исчезла на целый месяц, и когда я спросил гарсона, не знает ли он, что с ней стало, он ответил, что она устроилась на постоянное место. Он сказал иначе, именно, что у нее теперь постоянное положение, — и оказалось, что она поступила в самый большой публичный дом Монпарнаса. Но она и там не удержалась, ей нигде не сиделось. Она была еще очень молода, ей было двадцать два или двадцать три года.

За кассой, каждую ночь, с восьми часов вечера до шести часов утра, сидела сама хозяйка этого кафе, которое стоило несколько миллионов. В течение тридцати лет она спала днем и работала ночью; днем ее заменял муж, почтенный старик в хорошем костюме. У них не было детей, не было даже, кажется, близких родственников, и всю свою жизнь они посвятили этому кафе, как другие посвящают ее благотворительности, или служению Богу, или государственной карьере; никуда не ездили, никогда не отдыхали. Впрочем, однажды хозяйка не работала около двух месяцев — у нее была язва желудка, она пролежала это время в кровати. У нее давно было очень крупное состояние, но оставить работу она не могла. По внешнему виду она походила на любезную ведьму. Я разговаривал с ней несколько раз, и она рассердилась на меня однажды, когда я ей сказал, что ее жизнь, в сущности, так же загублена, как жизнь m-r Мартини. — Как же вы можете меня сравнивать с этим алкоголиком? — И я вспомнил, с некоторым опозданием, что людей, способных понимать сколько-нибудь беспристрастное суждение, особенно касающееся их лично, существует ничтожнейшее меньшинство, может быть, один на сто. Самой мадам Дюваль ее жизнь казалась законченной и полной определенного смысла — и в какой-то степени это было верно, она была действительно законченной и даже совершенной по своей полной бесполезности. Теперь предпринимать что бы то ни было было уже слишком поздно. Но она никогда не согласилась бы с этим. — Вот, мадам, когда вы умрете... — хотел я сказать, но удержался, решив, что из-за отвлеченного, в сущности, вопроса не стоит портить с ней отношений. И я сказал, что, может быть, я ошибаюсь и что мне так кажется потому, что сам я чувствовал бы себя неспособным к такому тридцатилетнему подвигу. Она смягчилась и ответила, что, конечно, далеко не всякий может это сделать, но что зато она теперь уверена в одном: конец своей жизни она проживет спокойно — так, как будто теперешний ее возраст, ее последние шестьдесят три года были не концом, а началом ее жизни. Я мог ей многое возразить и на это, но промолчал.

Позднее я понял, что она ни в какой степени не была исключением, ее пример был чрезвычайно характерен; я знал миллионеров с грязными руками, трудившихся по шестнадцати часов в день, старых шоферов, у которых были доходные дома и земли и которые, несмотря на одышку, изжогу, геморрой и вообще почти отчаянное состояние здоровья, все же продолжали работать из-за лишних тридцати франков в день; и если бы их чистый заработок опустился до двух франков, они все равно работали бы до тех пор, пока в один прекрасный день не могли бы встать с кровати, и это был бы их кратковременный отдых перед смертью. Один из гарсонов этого кафе был тоже замечателен: это был счастливый человек. Я узнал это однажды, во время короткого философского разговора, который начал какой-то пожилой мужчина неопределенного вида, кажется бывший шофер. Он заговорил о лотерее и сказал, что она похожа на Солнце: как Солнце вращается вокруг Земли, так крутится колесо лотереи.

— Солнце не вращается вокруг Земли, — сказал я ему, — это неточно; и лотерея не похожа на Солнце.

— Солнце не вращается вокруг Земли? — спросил он иронически. — А кто тебе это сказал?

Он говорил совершенно серьезно; тогда я его спросил, грамотен ли он вообще, и он обиделся на меня и все пытался узнать, откуда у меня могут быть более достоверные сведения о небесной механике. Авторитета ученых он не признавал и уверял, что они знают не больше нас. Тут в разговор вмешался гарсон, который сказал, что все это не важно, а важно, чтобы человек был счастлив.

— Я никогда таких людей не видел, — сказал я.

И тогда он с некоторой торжественностью в голосе ответил, что мне наконец предоставляется эта возможность, потому что в данную минуту я вижу счастливого человека.

— Как? — сказал я с изумлением. — Вы считаете себя совершенно счастливым человеком?

Он объяснил мне, что это именно так: оказывается, у него всегда была мечта — работать и зарабатывать на жизнь — и она осуществлена: он совершенно счастлив. Я внимательно на него посмотрел: он стоял в своем синем переднике, с засученными рукавами, за влажной цинковой стойкой; сбоку слышался голос Мартини, — смешно, смешно, смешно, — справа кто-то хрипло говорил: — Я тебе говорю, что это мой брат, понимаешь? — Рядом с моим собеседником, который был убежден во вращении Солнца вокруг Земли, толстая женщина — белки ее глаз были покрыты густой сетью красных жилок — объясняла своему покровителю, что она не может работать в этом районе: — Не нахожу и не нахожу. — И в центре всего этого стоял гарсон Мишель; и желтое его лицо было действительно счастливо. — Ну, милый мой, поздравляю, — сказал я ему.

И уже уехав оттуда, я все вспоминал его слова: «У меня всегда была одна мечта, всегда: зарабатывать на жизнь». Это было еще более печально, пожалуй, чем Мартини, или мадам Дюваль, или толстая Марсель, которая не находила клиентов на Монпарнасе; и ее дела были действительно плохи, пока какой-то догадливый человек не сказал ей, что ее красота несомненно будет оценена в другом районе, с менее рафинированной клиентурой, именно на Центральном рынке; и она действительно стала работать там; через полгода я видел ее в одном кафе бульвара Севастополь, она еще больше раздобрела и была гораздо лучше одета. Я рассказал о

71

счастливом гарсоне одному из моих алкогольных собеседников, которого прозвище было Платон — за склонность к философии: это был еще не старый человек, проводивший каждую ночь в этом кафе, у стойки, за очередным стаканом белого вина. Подобно Мартини, он окончил университет, жил одно время в Англии, был женат на красавице, был отцом прекрасного мальчика и обеспеченным человеком; я не знаю, как и почему все это очень быстро отошло в прошлое, но он оставил семью, родственники от него отказались, и он остался один. Это был милый и вежливый человек; он был довольно образован, он знал два иностранных языка, литературу и в свое время готовил даже философскую тезу, не помню точно какую, чуть ли не о Бёме; и только в последнее время память его стала сдавать и губительные последствия алкоголя начали сказываться на нем достаточно явственно — чего не было в первые годы нашего знакомства. Жил он на очень незначительную сумму денег, которые ему тайком давала его мать, — и этого хватало только на один сандвич в день и белое вино.

— А ваша квартира? — спросил я как-то.

Он пожал плечами и ответил, что он за нее вообще не платит и что, когда хозяин пригрозил ему репрессиями, Платон ответил, что если тот что-нибудь против него предпримет, то он подожжет шнурок от патрона с динамитом и взорвет дом и таким образом, в некотором роде, пойдет навстречу требованиям хозяина — который жил там же, — потому что после этого ему уже никогда не придется заботиться о какой бы то ни было квартирной плате какого бы то ни было из своих жильцов. Платон рассказывал это тихим голосом, совершенно спокойно, но с такой непоколебимой искренностью и уверенностью, что я ни на минуту не усомнился в его готовности это сделать. Самым странным, однако, мне казалось, что Платон имел архаические, но очень твердые убеждения государственного порядка, все должно было основываться, по его словам, на трех принципах: религия, семейный очаг, король. — А алкоголизм? — спросил я, не удержавшись. Он совершенно спокойно ответил, что это второстепенная и даже необязательная подробность. — Вот вы, например, не пьете, — сказал он, — но это мне не мешает вас рассматривать как нормального человека; конечно, жаль, что вы не француз, но это не ваша вина. — К счастливому гарсону он отнесся скептически и сказал, что к таким примитивным существам неприложимы наши представления о счастье; но он допускал, что по-своему гарсон мог быть счастлив — как собака, или птица, или обезьяна, или носорог, — под утро Платон начинал говорить вещи несуразные; это был удивительный по своему неожиданному спокойствию бред, но понятия его путались, он сравнивал Гамлета с Пуанкаре и Вертера с тогдашним министром финансов, который был толстым стариком, идеально далеким от какого бы то ни было сходства с Вертером в каком бы то ни было отношении. Я знал наружность этого министра, потому что как-то стоял со своим автомобилем в очереди у сената, в котором происходило ночное заседание, и все мои товарищи надеялись, что будут развозить сенаторов; был уже пятый час утра. Но в последнюю минуту во двор сената въехало несколько автобусов, на которых сенаторы отбыли домой. Когда последний автобус с надписью «цена проезда 3 франка» уже отходил, из двора сената вышел министр финансов и, увидя отходящий автобус, побежал за ним сколько было сил; я не мог удержаться от смеха, но мои товарищи ругали его последними словами за скупость. С той ночи я хорошо запомнил — я видел его тогда совсем вблизи — его фигуру, живот, одышку, расстегнутую шубу, в которой он был тогда, и беспокойно-тупое выражение его лица.

Я разговаривал с Платоном о счастливом гарсоне в ночь с субботы на воскресенье. Это бывала самая беспокойная ночь в неделю; в кафе появлялись совершенно неожиданные посетители, большинство было пьяных. Унылый старик с седыми усами пел срывающимся голосом бретонские песни; двое бродяг спорили по поводу какого-то прошлогоднего, насколько я понял, инцидента; одна из постоянных посетительниц кафе, женщина удивительной некрасивости, с плоским лягушачьим лицом, но считавшаяся хорошей работницей, говорила, приблизившись вплотную к пятидесятилетнему человеку с Почетным легионом, — ее кто-то напоил в эту ночь: — Ты должен же меня понять, ты должен же меня понять. — И слушавший ее совершенно посторонний мужчина, особенного типа энергичного пьяницы, наконец не выдержал и сказал: — Нечего тут понимать, ты просто стерва и больше ничего. — Какой-то худощавый пожилой человек с выражением неподдельной тревоги в глазах пробился сквозь толпу и стал просить мадам Дюваль, чтобы она разрешила ему вскарабкаться наверх, по одной из колонн кафе, — только до потолка и обратно: вы видите, мадам, я совершенно корректен; только один раз, мадам, только раз... — И плотный метрдотель вывел его из кафе и предложил ему, уже на улице, попробовать влезть на фонарный столб. Снаружи, вдоль запотевших стекол кафе, время от времени проходили два полицейских, — как тень отца Гамлета, — сказал я Платону. Потом в туманном и холодном рассвете субботние посетители кафе исчезали; мутно горели фонари над тротуарами, на поворотах скользкой мостовой шуршали шины редких автомобилей.

— Каждое утро я благодарю Господа, — сказал Платон, с которым мы вышли из кафе, — за то, что Он создал мир, в котором мы живем.

— И вы уверены, что Он действительно хорошо сделал?

— Я убежден в этом совершенно, как бы я ни был несчастен и пьян, — сказал он со своим всегдашним спокойствием.

Я проводил его до угла avenue de Maine, по дороге он говорил о Тулуз-Лотреке и Жераре де Нервале, и я сразу представил себе ужасную смерть Нерваля, маленькую и жуткую уличку возле Шатлэ, и висящее его тело, и эту, точно выдуманную чьей-то чудовищной фантазией, черную шляпу на голове повешенного.

Я имел возможность проводить иногда несколько часов в этом кафе, потому что ставил автомобиль у вокзала в ожидании первого поезда, который приходил в половине шестого утра; и от двух часов ночи до этого поезда, когда другие шоферы играли в карты или спали в машинах, я предпочитал уходить в кафе или гулять, если была хорошая погода. Только это вынужденное бездействие дало мне возможность ближе познакомиться со всеми клиентами этого кафе. Оно было почти всегда вознаграждено; каждую ночь я уходил оттуда все более и более отравленным, и мне понадобилось все-таки несколько лет для того, чтобы впервые подумать обо всех этих ночных жителях как о живой человеческой падали, — раньше я был лучшего мнения о людях и, несомненно, сохранил бы много идиллических представлений, которые теперь навсегда недоступны для меня, как если бы зловонный яд выжег во мне ту часть души, которая была предназначена для них. И эта мрачная поэзия человеческого падения, в которой я раньше находил своеобразное и трагическое очарование, перестала для меня существовать, и я полагаю теперь, что ее возникновение было основано на незнании и ошибке, которая оказалась такой непоправимой для Жерара де Нерваля, упомянутого Платоном в нашем утреннем разговоре. И люди, создавшие ее и которых тянуло туда, как их тянет смерть, лишены даже того утешения, что, умирая, они видели вещи такими, какими они были действительно и какими они их описали; их заблуждение было столь же несомненно, сколь несомненно было, что влюбленный в бывшую владелицу гастрономического магазина почтенный человек, с которым она выходила по средам и субботам, был не прав, считая ее своей второй женой.

И может быть, следовало позавидовать двум клиентам Сюзанны, которых я однажды видел; оба были хорошо одеты и, по-видимому, состоятельны, и оба вошли в кафе, одинаково улыбаясь и одинаково опираясь на белые палки; они были слепые. Сюзанна подсела к ним, и я со стороны смотрел на них троих и представлял себе, как должен для них из темноты звучать голос и смех Сюзанны. Затем они ушли втроем в гостиницу, расположенную напротив, и Сюзанна их бережно — потому что это были клиенты — переводила через площадь. Через час они вернулись; слепые еще остались сидеть за столиком, а Сюзанна подошла к стойке и стала рядом со мной.

— Все молоко? — спросила она.

— Они не могли оценить твою красоту, — сказал я, не отвечая, — и подумать, они даже твоего золотого зуба не видели.

— Это верно, — ответила она и вдруг с неожиданным и детским любопытством в глазах сказала, что они ее, конечно, не могли видеть, но зато ощупали всю и что ей было щекотно. Проходя мимо них, я остановился на секунду; на их розовых лицах была та беззащитная и особенная улыбка, которая характерна только для слепых.

Как и в прежние периоды моей жизни, в Париже мне удавалось лишь изредка и на короткое время увидеть то, в чем я был вынужден жить, со стороны, так, как если бы я сам не участвовал в этих событиях. Это было как воспоминания о некоторых пейзажах, результатом какого-то зрительного постижения, которое потом уже навсегда оставалось в моей памяти; и как воспоминание о запахе, оно было окружено целым миром других вещей, сопутствовавших его появлению. Оно возникало обычно, не выходя из длинного ряда предыдущих видений, только прибавляясь к нему, и отсюда появлялась возможность сравнения различных и последовательных жизней, которые мне пришлось вести и которые казались мне далекими и печальными, независимо от того, происходило ли это теперь или много лет тому назад. И тогда трагическая нелепость моего существования представала передо мной с такой очевидностью, что только в эти минуты я отчетливо понимал вещи, о которых человек не должен никогда думать, потому что за ними идет отчаяние, сумасшедший дом или смерть. Но, как это ни странно, за такими мыслями никогда не следовала идея самоубийства, которой я был совершенно чужд, всегда, даже в самые страшные моменты моей жизни; и я знал, что ее не нужно было смешивать с тем постоянным и жгучим желанием каждый раз, когда из туннеля к платформе подходил поезд метро, отделиться на секунду от твердого каменного края перрона и броситься под поезд — таким же движением, каким с трамплина купальни я бросался в воду. Но вот прошли тысячи поездов, и каждый раз, когда я спускаюсь на платформу метро, я испытываю нелепое желание улыбнуться и сказать самому себе — здравствуйте, — в интонации которого были бы одновременно и насмешка, и уверенность в том, что все остальные поезда метрополитена так же пройдут мимо меня, как предыдущие. Это чувство — тянет сделать одно и на этот раз действительно последнее движение — я знал давно; оно же охватывало меня, когда я ехал на автомобиле вдоль хрупких перил моста через Сену и думал: еще немного нажать на акселератор, резко повернуть руль — и все кончено. И я поворачивал руль на несколько дюймов и тотчас же выправлял его, и автомобиль, дернувшись в сторону перил, выпрямлялся и продолжал свой прежний безопасный путь. А в тот раз — знойную и черную ночь в Константинополе, — когда мне грозила действительная опасность падения с шестого этажа, этого чувства у меня не было, а было непреодолимое желание спастись во что бы то ни стало. Я попал тогда в отчаянное положение. Был громадный пожар в азиатской стороне города, и из моего окна на четвертом этаже я видел только густое красное зарево; дом, в котором я жил, находился на Пера, в центре европейского квартала. Я решил подняться на крышу и довольно легко добрался туда с глухой каменной площадки, окруженной с четырех сторон стенками, высота которых доходила мне до уровня глаз. Я выбрался оттуда на черепичную, почти плоскую крышу и пошел по ней в том направлении, откуда, по моим расчетам, должен был быть хорошо виден пожар. Зарево действительно стало несколько ярче, и в нем стал проступать черный фон, но все-таки даже самого пламени нельзя было увидеть. Постояв минут десять, я пошел обратно. Была совершенно туманная ночь, не было ни звезд, ни луны, я шел наугад и не думал, что могу ошибиться. Наконец я дошел до края площадки и стал спускаться спиной вперед. Когда край крыши был на уровне моих глаз, я вытянул носки ног; но пола под ними не было. Это меня удивило, я опустился ниже, потом наконец повис на вытянутых руках, держась пальцами за черепицу, но пола опять не достал. Тогда я повернул с усилием голову вбок и посмотрел вниз: очень далеко, в страшной, как мне показалось, глубине тускло горел фонарь над мостовой; а я висел над задней глухой и совершенно ровной стеной дома, над шестиэтажной пропастью. Рубашка на мне с неправдоподобной быстротой стала влажной. Я держался за черепицу — мне сразу показалось, что она скользит и сползает, — одними пальцами и не мог рассчитывать ни на чью помощь. В первую секунду я испытал необыкновенный ужас. Затем я стал подниматься наверх. Перед этим в Греции, с одним из моих товарищей, я тренировался, чтобы поступить в цирк акробатом, и то, что для среднего человека было бы невозможным, мне было сравнительно нетрудно. Прижимаясь к стене лицом и грудью, я подтянул тело наверх, захватил черепицу уже на сгиб сначала правой, затем левой кисти, потом медленно, без того ритмического и почти необходимого толчка, который делается в гимнастических упражнениях, но которым здесь я не мог рисковать, так как секундная потеря равновесия грозила мне падением, я поднял локоть правой руки и сразу поднялся на несколько сантиметров — все остальное было уже легко; но я еще прополз по крыше некоторое расстояние, чтобы удалиться от края. Потом я без труда нашел площадку и спустился к себе в комнату: из зеркала на меня глядело мое лицо, искаженное, запачканное известкой, с совершенно чужими глазами. Это все было много лет тому назад, но я помню этот взгляд сверху на тусклый фонарь, над неровными камнями мостовой — один из тех вечных пейзажей утопающего в глубокой ночи города, которые потом я столько раз видел в Париже. И в минуты редких и внезапных просветлений мне начинало казаться совершенно необъяснимым, почему я ночью проезжаю на автомобиле по этому громадному и чужому городу, который должен был бы пролететь и скрыться, как поезд, но который я все не мог проехать, — точно спишь, и силишься, и не можешь проснуться. Это было почти такое же мучительное ощущение, как невозможность избавиться от груза воспоминаний; в противоположность большинству моих знакомых я почти ничего не забывал из того, что видел и чувствовал; и множество вещей и людей, из которых теперь уже некоторых давно не было в живых, загромождали мои представления. Я запоминал навсегда однажды увиденное лицо женщины, помнил свои ощущения и мысли чуть ли не за каждый день на протяжении многих лет, и единственное, что я забывал с легкостью, были математические формулы, содержание некоторых, давно прочитанных книг и учебников. Но людей я помнил всех и всегда, хотя громадное большинство их не играло в моей жизни важной роли.

И когда я думал о том, как нелепо сложилась моя жизнь за границей, передо мной тотчас же вставало первое время моего пребывания в Париже, когда я работал на разгрузке барж в Сен-Дэни и жил в бараке с поляками; это был преступный сброд, прошедший через несколько тюрем и попавший наконец туда, в Сен-Дэни, куда человека мог загнать только голод и полная невозможность найти какую-либо другую работу. Никто из них не знал по-французски, так же как не знали этого языка и другие — двое русских, приехавших с немецких шахт, один беглый испанец, несколько португальцев и маленький итальянец с нежным лицом и белыми руками, тоже неизвестно почему попавший из Милана во Францию, — мои товарищи по работе. Когда мы выстроились утром, пришел директор, полный мужчина с заплывшими глазами под золотым пенсне; он осмотрел нас и потом сказал шефу, который его сопровождал:

— Это просто беглые каторжники.

Но никто из них не понял этой фразы, и они все искательно и выжидательно улыбались. Все поляки были страстными игроками в карты и после работы до поздней ночи играли между собой на последние деньги; затем неизменно оказывалось, что кто-то из них уличен в передергивании, кто-то другой — в краже, и между ними начиналась дикая драка, и я просыпался оттого, что на меня падало чье-то тело; и в решительный момент я всегда видел, как с крайней койки поднимался испанец; он торопливо одевался и уходил на час или два; он ничего не понимал из того, что говорилось, но, по-видимому, долгий жизненный опыт научил его, что в критические минуты предпочтительнее находиться подальше. И когда все утихало, в дверь просовывалась его узкая голова, он возвращался и снова ложился спать. Я выдержал две недели этой жизни; рядом со мной жил русский, спокойный и атлетический мужчина, относившийся ко всему решительно, даже к своей собственной судьбе, с совершенным безразличием. Он был настолько силен физически, что восьмичасовое таскание шестипудовых мешков его не утомляло; и когда я после первого дня работы лежал в совершенном бессилии на своей койке, то, засыпая, я услышал, как он сочувственно пробормотал: замотался парнишка. Иногда он пел низким голосом песни собственного сочинения и вовсе неожиданного содержания. Любимая его песня начиналась так: «Настрою я лиру на...» — следовало непристойное ругательство.

Был конец ноября, по утрам уже был иней; во время

работы становилось жарко, но потом я начинал мерзнуть; к тому же нередко шли длительные дожди, и я в конце концов однажды утром не встал на работу, сказавшись больным, проспал до одиннадцати часов и затем ушел, унося с собой небольшой чемоданчик, в котором помещалось все мое имущество. День был солнечный и теплый — и даже ужасная нищета безотраднейшего Сен-Дэни показалась мне в тот раз менее резкой. Мне вскоре, однако, пришлось вернуться туда, на этот раз в депо Северных железных дорог Франции, куда я поступил мыть паровозы. Когда мне сказали впервые «мыть паровозы», я был удивлен, я не знал, что их моют; потом выяснилось, что эта работа заключалась в промывании внутренних труб паровоза, на которых образовывались отложения. Эта работа была нетрудная, но неприятная; она происходила в открытом помещении, зимой вода была ледяная, и после первого же часа я обычно промокал с головы до ног, как если бы попал под проливной дождь; и в январские, и в февральские дни нельзя было не мерзнуть от этого; к концу рабочего дня у меня начинали стучать зубы. Я согревался только в бараке, который был значительно чище на этот раз и всегда жарко натоплен. Он был населен исключительно русскими; среди них я узнал одного моего старого знакомого, которого я в прежние времена встречал в Севастополе, это был партизанский атаман, человек довольно незаурядный. В давние времена он был мастером на Обуховском, кажется, заводе в России, затем, в Гражданскую войну, сформировал в Сибири, куда он попал неизвестно почему, партизанский отряд. В одном из очередных столкновений отряд был разбит частями Красной армии и Макс — его звали Макс — был взят в плен. Ему удалось, однако, бежать, и он пешком добрался из Сибири в Крым. Теперь я встретил его в этом депо, — он был тогда высоким стариком с бритой головой и черными улыбающимися глазами. Не зная почти ни слова по-французски, он получал в час примерно столько, сколько я получал в день, и когда я его спросил о причине такого жалованья, он ответил, что французы вообще о работе не имеют представления и что их мастера никуда не годятся, а он, Макс, профессиональный русский мастер, — это вроде как ихний главный инженер. Он рассказывал, что, когда он поступал, его подвергли разным испытаниям и после этого, не споря, назначили ему максимальный оклад; он не имел определенной работы, его звали всюду, где что-нибудь не ладилось. Он починял электричество, вытачивал на станке какие-то сломанные части машин, производил необходимые расчеты и, в общем, работал не спеша и презрительно поплевывая на пол. Он был страстным любителем поэзии; я узнал это однажды вечером, когда он мне сказал с сокрушением:

— Вот смотрю я на тебя, и мне грустно становится, какая теперь молодежь сволочная пошла. Я на тебя две недели уже смотрю. Ты б хоть раз книжку какую в руки взял. А ты как вечер, так и залился в город, а приходишь ночью, что это за жизнь?

И он стал рассказывать мне, что когда был молодым, то очень много читал и всем интересовался. Потом он меня спросил, имею ли я какое-нибудь представление о литературе и читал ли я когда-нибудь стихи. Услышав мой ответ, он обрадовался, даже приподнялся с койки и сказал, что завтра вечером, в субботу, он поведет меня в одно место и там мы поговорим о поэзии. На следующий вечер мы пошли в маленькое кафе, у входа он сказал мне, показывая на хозяйку:

— Поговори с ней по-французски, закажи красного вина. Пусть она почувствует, что мы тоже можем по-французски.

Я заказал бутылку вина, он покачал головой и сказал:

— Люблю, когда наши по-французски говорят, и где ты только научился?

Потом он спросил меня, знаю ли таких поэтов — он назвал десяток имен. Я кивал головой. Он прочел вслух несколько стихотворений, у него была хорошая память; он читал стихи, закрыв глаза и покачиваясь, с необыкновенным чувством, но так, как их читают обычно актеры, то есть забывая о ритме и подчеркивая только смысловую последовательность. Затем он сказал, что прочтет сейчас самое любимое свое стихотворение; он закрыл глаза, лицо его побледнело, и он начал изменившимся голосом:

К позорной казни присужденный,
лежит в цепях венгерский граф...

Как все простые и душевно наивные люди, он очень любил внешнюю роскошь описаний; судьба русского крестьянина трогала его меньше, чем участь венгерского графа или австрийского барона. Мне часто приходилось наблюдать эту удивительную склонность людей к совершенно чуждому им миру, роскошь которого навсегда поразила их воображение.

В те времена я имел о Париже очень приблизительное представление, и вид этого города ночью неизменно поражал меня, как декорации гигантского и почти безмолвного спектакля, — длинные линии фонарей на уходящих бульварах, мертвые их отблески на неподвижной поверхности канала St. Martin, едва слышное лепетание листьев на каштанах, синие искры на рельсах метро там, где оно проходит над улицами, а не под землей. Теперь, когда я знаю Париж лучше, чем любой город моей родины, мне нужно сделать над собой большое усилие, чтобы вновь увидеть этот его почти исчезнувший, почти потерянный облик. Но зато вид его предместий остался таким же; и я не знаю ничего более унылого и пронзительно-печального, чем рабочие предместья Парижа, где, кажется, в самом воздухе стелется вековая безвыходная нищета, где жили и умерли целые поколения людей, жизнь которых по будничной своей безотрадности не может сравниться ни с чем — разве только с окрестностями Bd Sébastopol, где столетиями стоит запах гнили и где каждый дом пропитан этим невыносимым зловонием. Постоянное мое любопытство тянуло меня к этим местам, и я неоднократно обходил все те кварталы Парижа, в которых живет эта ужасная беднота и эта человеческая падаль; я проходил по средневековой узкой уличке, соединяющей Севастопольский бульвар с улицей St. Martin, где днем под стеклянным навесом убогой гостиницы горел фонарь и на пороге стояла проститутка с лиловым лицом и облезшим мехом вокруг шеи; я бывал на площади Мобер, где собирались искатели окурков и бродяги со всего города, поминутно почесывавшие немытое тело, видневшееся сквозь неправдоподобно грязную рубаху; я бывал возле Ménilmontant, Belleville, Porte de Clignancourt, и у меня сжималось сердце от жалости и отвращения. Но я никогда не знал бы многого из того, что знаю и половины чего достаточно, чтобы отравить навсегда несколько человеческих жизней, если бы мне не пришлось сделаться шофером такси. До этого, однако, я был рабочим, потом студентом, потом служащим, потом занимался преподаванием русского и французского языков, и только после того, как выяснилась для меня совершенная несущественность этих занятий, я сдал экзамен на знание парижских улиц и управление автомобилем и получил необходимые бумаги.

Работа на фабрике оказалась для меня невозможной не потому, что была особенно изнурительной; я был совершенно здоров и почти не знал физической усталости, особенно после моего стажа в Сен-Дэни. Но я не мог выдержать этого постоянного заключения в мастерской, я чувствовал себя как в тюрьме и искренне недоумевал: как могут люди всю жизнь, десятки лет жить в таких условиях? Правда, этому предшествовали чаще всего целые поколения их предков, всегда занимавшихся физическим трудом, — и никогда, ни у одного из профессиональных рабочих я не замечал протеста против этого невыносимого существования; все их возмущение чаще всего сводилось к тому, что они считали свой труд недостаточно оплачиваемым, но против принципа этого труда они не восставали, эта мысль никогда не приходила им в голову. Я еще не знал в те времена, что разные люди, которых мне приходилось встречать, отделены друг от друга почти непереходимыми расстояниями; и, живя в одном городе и одной стране, говоря на почти одинаковых языках, так же далеки друг от друга, как эскимос и австралиец. Я помню, мне никак не удавалось объяснить моим товарищам по работе, что я поступаю в университет, они не могли этого понять.

— Чему же ты будешь учиться? — Я отвечал, подробно перечисляя предметы, которые меня интересовали. — Ты знаешь, ведь это трудно, нужно знать много особенных слов, — говорили они. Потом один из них наконец заявил, что это невозможно: чтобы поступить в университет, нужно окончить среднее учебное заведение, лицей, в котором могут учиться только богатые люди. Я сказал, что у меня есть нужный аттестат. Они недоверчиво качали головами, и одна работница мне посоветовала бросить эти никому не нужные вещи, она говорила, что это не для нас, рабочих, и уговаривала меня не рисковать, а остаться здесь, где, по ее словам, лет через десять я мог бы стать мастером или начальником группы рабочих. — Десять лет! — сказал я. — Да я десять раз умру за это время. — Ты плохо кончишь, — сказала она мне напоследок.

Несмотря на то что я был совершенно чужд этим моим товарищам по работе — фрезеровщикам, сверлильщикам, слесарям, — у меня с ними были прекрасные отношения, и в чисто человеческом смысле они были, во всяком случае, не хуже, а часто даже лучше, чем представители других профессий, с которыми мне пришлось сталкиваться, и, во всяком случае, честнее. Меня поражало, мне не могло не импонировать то веселое мужество, с которым они жили. Я знал, что то, что мне казалось каторжным лишением свободы, было для них нормальным состоянием, в их глазах мир был иначе устроен, чем в моих; у них соответственно этому были изменены все реакции на него, как это бывает с третьим или четвертым поколением дрессированных животных — и как это, конечно, было бы со мной, если бы я работал на фабрике пятнадцать или двадцать лет. Но вне зависимости от того, чем объяснялись их веселость, насмешливость и беззаботность, эти качества сами по себе были настолько хороши, что я не мог не поддаться их своеобразной привлекательности. Резкую разницу, которая была между ними и мной и которая невольно подчеркивала несуразность моего положения, мою неуместность на фабрике, я старался сглаживать как мог, чтобы не привлекать постоянного внимания соседей, и через некоторое время я научился понимать и употреблять термины арго и стал одеваться так же, как они. И вот тем, что я по внешнему облику начал совершенно походить на рабочего, я навлек на себя презрительное неудовольствие одного из моих соседей, высокого чернобородого человека, приходившего в мастерскую в своем синем штатском костюме с университетским значком. Он был русский, кончивший юридический факультет в Праге. Костюм его лоснился и был неправдоподобно неприличен, в бороде всегда застревали железные стружки, так же как в спутанных волосах. У него было худое скуластое лицо с большими глазами; он вообще был похож на один из портретов Достоевского, который, кстати сказать, был его любимым автором. Рабочие и особенно работницы издевались над ним: расстраивали установку его сверлильного станка, прицепляли ему сзади на спину бумажные хвостики, говорили ему, что его вызывает начальник мастерской, который и не думал этого делать. Он плохо знал по-французски и многого не понимал из насмешек его товарищей по работе. Но относился он ко всему этому с совершенно стоическим презрением, и только иногда, по его глазам, было видно, как тяжело ему это. Мне было жаль его, я несколько раз вмешивался и объяснял, что стыдно издеваться над человеком, который не в состоянии ответить. Но они с детской жестокостью через некоторое время снова начинали свои приставания. Во время таких споров он обычно стоял в стороне, молчал, и только глаза его, вообще очень выразительные, следили за всеми нами. Со мной он никогда не разговаривал. Но потом, однажды, он подошел ко мне и спросил, правда ли, что я русский, и, узнав это, сказал:

— И вам не стыдно?

— Чего же я должен стыдиться? — спросил я с недоумением.

И он объяснил мне, что позор мой — он так и сказал: позор — заключается в том, что меня нельзя никак отличить от рабочего.

— Вы так же одеваетесь, как они, носите такие же шарфы, такую же кепку, словом, у вас такой же хулиганский и пролетарский вид, как у них.

— Вы меня извините, — сказал я, — но ведь лучше иметь рабочее платье и переодеваться, чем ходить в нецелесообразном костюме, у которого, может быть, есть то достоинство, что он сразу отличает вас от других рабочих, но ведь это все, вот уже полгода, один и тот же костюм, и он, мягко говоря, успел очень запачкаться. Это мне кажется недостатком.

— Судя по вашей манере говорить, вы человек интеллигентный, — сказал он, — как же вы не понимаете, что все это не важно, а важно сохранить человеческую сущность.

— Я не считаю, что чистый костюм является для этого таким препятствием.

Но он произнес целую речь о том, что «бытие определяет сознание» и что против этого надо протестовать всеми силами. Рабочих он не считал за людей и безгранично презирал. Потом он сказал, что революция у него отняла все, но что у него осталось, нечто бесконечно более ценное и недоступное тем, кто сидит теперь в его доме, в Петербурге, — Блок, Анненский, Достоевский, «Война и мир». Никакие возражения не могли его поколебать, и я на них не настаивал; я понимал, как мне казалось, что это было действительно единственное его богатство и, кроме этого, у него решительно ничего не было на свете. И несмотря на то, что он не был способен понять некоторые элементарнейшие вещи, я не мог не почувствовать невольного уважения к этому человеку, видевшему только одну сторону мира; все-таки то, что он так любил, заслуживало и отречения, и жертв. Зато он был совершенно чужд общих сожалений, характерных для таких же бывших людей, как он, которые я слышал и читал тысячу раз и которые главным образом сводились ко вздохам о потерянном житейском благополучии самого мелкого свойства.

В этой же мастерской, недалеко от меня, работал еще один русский, которого я знал раньше, так как одно время учился вместе с ним. Он был старше меня на несколько лет. Я никогда не мог выяснить ни его происхождения, ни условий, в которых он рос в России, потому что рассказы его об этом были абсолютно невероятны — и походили на описания светской роскоши в дешевых бульварных книжках. Я помнил только, что у его родителей были какие-то совершенно чудовищные, по его описанию, люстры и повар-француз. По-русски, однако, он говорил с малороссийским акцентом, и отвлеченные понятия никогда не фигурировали в его разговоре. За границей в фабричных условиях он был как рыба в воде и совершенно не страдал от них, для него скорее университет был бы трагедией. С рабочими он легче дружил и сходился, чем другие, хотя

84

почти не говорил по-французски. Работал он хорошо, был вынослив, и то, что он делал на фабрике, его живо интересовало. Он отличался еще исключительной бережливостью и анекдотической скупостью, питался только бульоном, хлебом и салом, которое он купил сразу в большом количестве за ничтожную цену, потому что, объяснял он, оно сверху было немножко испорчено, и все откладывал деньги. Потом он купил прекрасные дорогие часы на руку, но они стояли всю неделю: он заводил их только в субботу и воскресенье, говоря, что иначе механизм изнашивается. Жизнь его была чрезвычайно проста — всю неделю он работал, возвращаясь с фабрики, тотчас ложился спать, в субботу же шел сначала в баню, затем в публичный дом. Та культура, с которой ему пришлось соприкоснуться во время учения, прошла для него совершенно бесследно, и никогда ни один отвлеченный вопрос не занимал его внимания. И долгое время мне казалось, что всю его жизнь, все его мысли, побуждения и чувства можно было свести, как в алгебре, к двум-трем основным формулам — остальное было бесполезной и расточительной роскошью. Я не мог предвидеть беспощадной мести, которую ему готовила эта самая ненужная культура и отвлеченные понятия; мне всегда казалось, что против них у него был природный и непобедимый иммунитет.

Но он был одним из первых людей в моей жизни, о существовании которых я мог иметь окончательное суждение, потому что в течение нескольких лет я встречал его время от времени, видел изменения, происходившие с ним и особенно удивительные за последние два года; и главное, все остановилось в ту минуту, когда достигло сильнейшего напряжения. В нем было все, что необходимо для счастливой жизни, и прежде всего инстинктивная и полная приспособляемость к тем условиям, в которых ему пришлось жить: он искренне полагал, что существует очень неплохо, что та ничтожная сумма денег, которая у него отложена — и которая каждый месяц увеличивается в той же убогой пропорции, — есть некоторый капитал, что два костюма особенного, подчеркнуто модного и тугого покроя, характерного для плохих портных из бедных кварталов Парижа, — это значит, что он хорошо одет, что очередная прибавка жалованья — 15 или 20 сантимов в час — увеличивает его «экономический потенциал», — словом, для оценки своего собственного положения он пользовался критериями рабочей среды, в которой жил, а о критериях общего порядка не подозревал, — я думаю, впрочем, что слово «критерий» не фигурировало в числе тех, которые он знал. В самое первое время в Париже, разговаривая с ним, еще можно было представить себе, что этот человек чему-то учился, но уже года через два от этого ничего не осталось; он забыл это так, казалось бы, глубоко и непоправимо, точно этого никогда не существовало. Как большинство простых людей, попавших в иностранную среду, он избегал говорить по-русски, и если бы не акцент и ошибки в глаголах, временах и родах, его речь можно было бы принять за речь французского крестьянина. Он ушел с завода, где мы работали вместе, и несколько месяцев спустя я видел его в вагоне метро: на красноватых его руках, которые я хорошо знал — с утолщениями к концам пальцев и закругляющимися ногтями, — были перчатки нежно-желтого цвета, а на голове был котелок. Фамилия его была Федорченко, и это его очень огорчало, так как, по его словам, французам было трудно ее произносить, и всем своим новым знакомым он представлялся как m-r Федор. В нем в сильнейшей степени была развита та же черта, которую я неоднократно наблюдал у многих русских, для которых все, что существовало прежде и что в конце концов определило их судьбу, перестало существовать и заменилось той убогой иностранной действительностью, в которой они в силу чаще всего плохого знания французского языка и отсутствия критического чувства именно по отношению к этой среде видели теперь чуть ли не идеал своего существования. Это было, как мне казалось, когда я думал обо всех этих людях — среди них бывали и прокуроры, адвокаты, доктора, — проявлением многообразнейшего инстинкта самосохранения, вызвавшего постепенную атрофию некоторых способностей, ставших не только ненужными, но даже вредными для той жизни, которую эти люди теперь вели, — и прежде всего способности критического суждения и той известной интеллектуальной роскоши, к которой они привыкли в прежнее время и которая в теперешних обстоятельствах была бы неуместна и невозможна. Я разговаривал как-то об этом с одним из моих товарищей, и он вдруг сказал, прерывая меня: — Ты помнишь книгу Уэллса, которую мы читали много лет тому назад, — «Остров доктора Моро»? Ты помнишь, как животные, обращенные в людей после того, как из-за какой-то катастрофы доктор Моро потерял над ними власть, — ты помнишь, с какой быстротой они забывали человеческие слова и возвращались к прежнему состоянию?

— Это унизительное сравнение, — сказал я, — это чудовищное преувеличение, я не могу с тобой согласиться.

Но позже, после того как мне пришлось видеть множество примеров этого душевного и умственного обнищания, я думал, что мой товарищ был, может быть, более прав, чем мне казалось сначала. Превращения, которые происходили с людьми под влиянием перемены условий, бывали настолько разительны, что вначале я отказывался им верить. У меня получалось впечатление, что я живу в гигантской лаборатории, где происходит экспериментирование форм человеческого существования, где судьба насмешливо превращает красавиц в старух, богатых в нищих, почтенных людей в профессиональных попрошаек — и делает это с удивительным, невероятным совершенством. Я как сквозь сон вспоминал и узнавал этих людей: в пьяном старике с седыми усами и мутным взглядом, которого я встретил в маленьком кафе одного из парижских пригородов, куда случайно попал, — он хлопал своего соседа, пожилого французского рабочего, который особенным, характерным для французского простонародья движением открывал вкось рот с прилипшим к нижней губе, насквозь промокшим коротким окурком, — и говорил, с сильным акцентом: мы их на-ду-ли! — и потом вдруг выпрямлялся и умолкал, и мутный его взгляд начинал внезапно грустить, и он говорил: еще стакан белого, — и из разговора я понял наконец, что было предметом и этого восторга, и этой выпивки: их группе рабочих удалось сдать бракованный материал и получить за него деньги; в этом человеке я узнал свирепого усатого генерала, которого помнил по России, высокомерного и жестокого начальника. Его собутыльник ушел, он остался один, заказал себе неуверенным голосом и размашистым жестом и потом уставился на меня, время от времени вздрагивая и дергая головой. — Что вы на меня смотрите? — закричал он мне с раздражением. — Не пожалела вас судьба, однако, — сказал я по-русски. Он рассердился, заплатил и в пьяном и немом бешенстве вышел из кафе, не взглянув в мою сторону. Потом я узнал от моих знакомых, что, по их сведениям, генерал этот получил какое-то прекрасное место не то в Аргентине, не то в Бразилии и уехал туда уже очень давно; кажется, он преподает баллистику или еще что-то в этом роде в тамошней военной академии. Мне сказали, что он уехал лет восемь тому назад, что он оттуда никому не пишет. Этот отъезд, однако, он обставил с исключительной расточительностью, устроил банкет, все пили шампанское и поздравляли его с тем, что вот наконец он получил место по заслугам и что в будущей России, конечно... — Это он себе похороны устраивал, — сказал я, — вот почему эта поминальная роскошь. — Бразилия, Аргентина! а в самом деле сырая рабочая гостиница в шести километрах от Парижа, заводская сирена, красное вино, ежедневное хождение на фабрику, боль в ревматических суставах, перерождение печени — по счастливому медицинскому выражению, — и никакой Бразилии, никакой Аргентины, никакой, конечно, будущей России и ни одного утешения с той самой минуты, когда дымным осенним вечером нагруженный до отказа пароход вышел в бурное море, оставляя навсегда берега побежденного Крыма. И, в силу непонятной для меня ассоциации, каждый раз, когда я думал об этом генерале, я вспоминал застывшую в моем воображении маленькую нищую старушку, которую я видел в Севастополе и которая пела слабым голосом невнятную мелодию; она стояла всегда на одном и том же углу, и я хорошо ее знал и привык к ней. Я остановился однажды, чтобы разобрать наконец, что она поет. Слабым старческим голосом она тянула нараспев:

Мой миленький дружок,
Любезный пастушок...

Это было на Приморском бульваре, была прекрасная погода, под вечер, за морем садилось солнце, на рейде стоял английский крейсер «Мальборо». Я на секунду закрыл глаза и быстро пошел дальше. Никакая прочитанная книга, никакой результат длительного изучения не могли бы обладать такой ужасной убедительностью, как этот жалобный, умирающий в солнечном и юном великолепии отклик давно умолкнувшей и исчезнувшей эпохи. И мое воображение рисовало мне картины, относящиеся к молодости этой женщины, создало вокруг нее целый мир, неверный, расплывчатый, но бесконечно очаровательный и от которого теперь не осталось ничего, кроме этой наивной мелодии, похожей на тихую музыку из могилы, на кладбище, в летний день, в тишине, прерываемой только звенящим жужжанием насекомых.

* * *

Мне было тогда шестнадцать лет, но уже в те времена я знал чувство, которое потом неоднократно стесняло меня, — как если бы мне становилось трудно дышать, — стыд за то, что я молод, здоров и сыт, а они стары, больны и голодны, и в этом невольном сопоставлении есть нечто бесконечно тягостное. Это же чувство охватывало меня, когда видел калек, горбунов, больных и нищих. Но я испытывал подлинные страдания, когда они кривлялись и паясничали, чтобы рассмешить народ и заработать еще несколько копеек. И только в Париже, на ночных его улицах, я увидел нищих, которые не вызывали сожаления; и сколько я ни старался себе внушить, что нельзя же это так оставить и нельзя дойти до такой степени очерствения, что их вид у тебя не вызывает ничего, кроме отвращения, — я не мог ничего с собой поделать. Я никогда не мог забыть, как однажды поздно ночью ко мне подошла женщина, одетая в черные лохмотья, с грязно-седыми нечесаными волосами; она приблизилась вплотную ко мне, так, что я почувствовал тот сложный и тяжелый запах, который исходил от нее, и что-то пробормотала, чего я не разобрал; я вынул монету ей, но она отказалась и продолжала бормотать. — Что же тебе нужно? — сказал я. — Ты идешь со мной? — спросила она, собираясь взять меня под руку. — Что? — сказал я с изумлением. — Ты с ума сошла? — Она отступила на шаг и более отчетливо ответила, что найдутся другие, лучше меня, — и исчезла. Был туман в ту зимнюю ночь, я проходил мимо Центрального рынка, где гремели грузовики, ржали лошади и где над всем плыл запах гниющих овощей и особого оттенка нечистотных миазмов, который характерен для этого квартала Парижа. Меня неоднократно охватывало отчаяние, — как, в силу какой социальной несправедливости было возможно существование этих людей? Но потом я убедился, что это была целая общественная категория, такой же законно существующий класс, как класс коммерсантов, как сословие адвокатов, как корпорация служащих. Их принадлежность к этому миру далеко не всегда определялась возрастом, среди них были молодые люди; и там была своеобразная иерархия и переходы от одной степени бедности к другой; и на моих глазах, например, еще не старая, но очень некрасивая женщина, бродившая обычно по пустынным улицам ночного Passy, постепенно сделала непредвиденную карьеру, объяснявшуюся, однако, одним неожиданным случаем, который она охотно рассказывала: это была болезнь печени, доктор ей запретил пить, и она с тех пор вела действительно трезвый образ жизни; и в трезвом состоянии она вдруг поняла, что, вместо нищенства, она может заняться проституцией. До тех пор эта мысль никогда не приходила ей в голову. Но это было неожиданное озарение громадной, исключительной для нее важности, нечто вроде того счастливого стечения обстоятельств и случайности, которому человечество обязано, быть может, возникновением нескольких религий, многих философских систем и изобретений. И я видел, как она стала все лучше и лучше одеваться, и в день ее окончательного апофеоза она ехала ночью в такси, тесно обнявшись с каким-то молодым человеком чрезвычайно приличного вида; и в ту часть секунды, когда их автомобиль проезжал мимо фонаря и внутренность его осветилась, я успел заметить котелок молодого человека, лежавший на сиденье, и лисий мех вокруг шеи этой женщины, и ее напудренное лицо с не изменявшимся, по-видимому, ни в каких обстоятельствах выражением холодной тупости, которое я давно знал. Я успел это все увидеть потому, что долгие годы шоферского ночного ремесла, требующего постоянного зрительного напряжения и быстроты взгляда, необходимых для того, чтобы не налететь на другую машину или успеть заметить автомобиль, неожиданно выезжающий из-за угла, развили эту быстроту зрительного впечатления во мне, так же как во всех моих товарищах по работе, до размеров необычных для среднего человека и характерных для гонщиков, боксеров, лыжников, акробатов и спортсменов. Этот зрительный рефлекс действовал иногда с механической и бездушной точностью и был совершенно бессознателен; мне случалось ехать довольно быстро, задумавшись о чем-нибудь и не глядя по сторонам; потом, без того, чтобы что-либо произошло, я сильно нажимал на тормоз, машина останавливалась — и тогда, перерезывая ей путь, быстро проезжал другой автомобиль, который я, оказывается, видел, не отдавая себе в этом отчета, не думая об этом и, в сущности, не зная, что я его вижу. Совершенно так же, повернув голову вправо или влево — если приходилось пересекать большую улицу, — я сбоку видел, что делают клиенты, и однажды, я помню, ощутил неприятный холод в спине, потому что мой пассажир, сильно выпивший человек, типа рабочего, в растерзанном костюме, сидя сзади меня, все перекладывал из одной руки в другую два крупнокалиберных револьвера, которые, однако, как это выяснилось позже, предназначались не для меня, так как он нормальнейшим образом расплатился и ушел неверной походкой. Я был совершенно убежден, что вез убийцу, и на следующий день с любопытством искал в вечерних газетах сообщения о новом преступлении — но не нашел; по-видимому, он отложил его. Но я почти убежден, что он совершил его; есть люди, у которых на лице написана их судьба, и его лицо было именно таким.

Совершенно так же в лице Федорченко, на толстой лоснящейся и красноватой физиономии, лишенной всякой одухотворенности, было что-то страшное, в чем я никогда не мог дать себе отчета; но мне всегда бывало неуютно, когда я находился рядом с этим человеком, хотя мне лично с его стороны ничего не могло грозить ни в какой степени. И все-таки каждый раз, когда я его видел, мне становилось не по себе, это было похоже на то чувство, которое я испытывал бы, глядя, как человек срывается с крыши и летит вниз или падает в решетку лифта.

С тех пор, когда я работал вместе с ним на заводе, я на некоторое время потерял его из виду. Но однажды, в морозный февральский вечер, поставив автомобиль на стоянке и собираясь слезть, чтобы идти в кафе — это происходило на бульваре Pasteur, — я увидел его; он шел, оборачиваясь по сторонам и неся в руке маленький черный чемоданчик. Он был одет по-праздничному, на голове его был котелок, но вид у него был растерянный. Увидя меня, он почему-то обрадовался и сказал, что у него ко мне дело, потом не удержался и спросил, как я нахожу его костюм и пальто.

— Очень хорошо, — сказал я, — прекрасно. Только галстук не надо завязывать таким маленьким узелком, это так бабушки в России носовые платки завязывают, чтобы не забыть, и потом, не следует носить, по-моему, туфли с лакированными носками. А в общем, конечно, великолепно. В чем дело?

Он рассказал мне, что возвращается с Монпарнаса и огорчен своей неудачей. Оказывается, он давно уже заметил там — в определенные часы, вечером, — какую-то даму в мехах, приходившую в кафе с прекрасным ангорским котом. Сам Федорченко был к кошкам равнодушен; но его невеста, как он сказал, очень любила эту породу, и он думал, что доставит ей удовольствие, если принесет в подарок ангорского кота. Он решил его украсть. С этой целью он отправился в кафе, захватил с собой чемоданчик, который он продолжал держать в руке, рассказывая мне все это, — воспользовался минутой, когда дама вышла на короткое время, посадил кота в чемодан и ушел. Он потратил на подготовку этого плана много дней, все ходил в кафе, смотрел на часы, пил пиво и выжидал случая, когда дама выйдет и на террасе не будет других посетителей. Дама, к счастью, всегда предпочитала террасу; и хотя за стеклянными ширмами стояла печка и было тепло, большинство посетителей сидело обычно внутри; однако несколько человек всегда оставались на террасе. Сегодняшний вечер был особенно удачным, так как там, кроме дамы и

91

Федорченко, сидела только одна пара влюбленных; влюбленные целовались и не обращали внимания на то, что происходило вокруг. Таким образом, выполнение плана прошло очень хорошо. К несчастью, по дороге чемоданчик расстегнулся, как он сказал, и кот, который до этого все держался внутри, выскочил и бросился бежать с необыкновенной, по словам Федорченко, быстротой. Федорченко долго ловил его, но не мог поймать. — Удрал-таки, сукин сын, — сказал он с внезапным озлоблением, — что вы скажете?

— Кот, конечно, дрянь, — сказал я, — но вот я не очень уверен, стоило ли его воровать? Вы могли попасть в грязную историю.

Федорченко махнул рукой и потом сказал с отчаянием в голосе, что ради своей невесты он готов на все и что другого способа достать кота не было; кот стоит бешеных денег, а он, Федорченко, не миллионер. Дело же его заключалось в том, что он попросил меня отвезти его на улицу Риволи, где жила невеста. Мы приехали туда, и я остановился, когда он мне сказал — вот сюда, — на углу узенького, как коридор, переулка, выходящего с одной стороны на набережную, с другой на Риволи, в центре квартала Св. Павла, одного из самых бедных и грязных в Париже. Переулок этот был известен тем, что в нем находился огромный и очень дешевый публичный дом, и теперь, в этот вечерний час, там было большое движение, туда шли или оттуда выходили солдаты, арабы, рабочие.

— Вот тут за углом, недалеко, — сказал Федорченко. И он объяснил мне, что здесь у его невесты служба.

— Что же она делает? — спросил я. Он ответил, что у нее здесь специальная работа. Я покачал головой и попрощался с ним; и его котелок — единственный на этой улице, где преобладали кепки, — скрылся за углом. История с невестой казалась мне странной и в известной мере чем-то похожей на историю с монпарнасским котом. Но всякий раз, когда я думал о Федорченко, я точно натыкался на стену — в нем не было, казалось, ни одного недостатка, он был почти совершенен в том смысле, что все, что мешает человеку в жизни, в нем отсутствовало в идеальной степени — огорчения, печаль, сомнения, моральные предрассудки; мысли об этом ему никогда не приходили в голову. И я не мог себе представить, какая женщина, если это только не было несчастное и забитое существо, живущее впроголодь, могла решиться соединить свою судьбу с этой тупой и душевно беззвучной жизнью.

* * *

Поздней ночью, после того как была окончена собственно вечерняя работа, я часто приезжал в районы, прилегавшие к площади Этуаль. Я любил эти кварталы больше других за их ночное безмолвие, за строгое однообразие их высоких домов, за те каменные пропасти между ними, которые изредка попадались на этих улицах и которые я видел, проезжая. И вот ночью того дня, когда я отвозил Федорченко к его невесте, едучи по авеню Ваграм, я увидел издали высокую женскую фигуру в меховой шубе, стоявшую на краю тротуара. Я замедлил ход, она сделала мне знак, и я остановил автомобиль. Она подошла совсем близко, посмотрела на меня, и на ее лице было поразившее меня выражение неожиданности и удивления. Потом она сказала мне:

— Дэдэ, как ты стал шофером?

Я смотрел на нее, не понимая. Ей по виду можно было дать около пятидесяти лет, но на увядшем напудренном лице были очень большие черные глаза со сдержанно-нежным выражением, и фигура ее сохранила еще, по инерции, какой-то неповторимо юный размах, и я подумал, что, наверное, много лет тому назад эта женщина была очень хороша. Но я не понимал, почему она обратилась ко мне, назвав меня чужим именем. Это не могло быть одним из приемов завлечения клиента, — и ее голос, и ее выражение были слишком естественны для этого.

— Мадам, — сказал я, — это ошибка.

— Почему ты не хочешь узнавать меня? — продолжала она медленным голосом. — Я никогда тебе не сделала зла.

— Несомненно, — сказал я, — несомненно, хотя бы по той причине, что я никогда не имел удовольствия вас видеть.

— Тебе не стыдно, Дэдэ?

— Но уверяю вас...

— Ты хочешь сказать, что ты не Дэдэ-кровельщик?

— Дэдэ-кровельщик? — сказал я с изумлением. — Нет, я не только не Дэдэ-кровельщик, но я даже никогда не слышал этого прозвища.

— Слезай с автомобиля, — сказала она.

— Зачем?

— Слезай, я тебя прошу.

Я пожал плечами и слез. Она стояла против меня и рассматривала меня в упор. Я не мог не чувствовать всей нелепости этой сцены, но терпеливо стоял и ждал.

— Да, — наконец сказала она, — он был, пожалуй, чуть выше. Но какое поразительное сходство!

— Видите ли что, мадам, — сказал я, садясь опять за руль, —

93

чтобы вас окончательно убедить, я вам должен сказать, что я не только не Дэдэ, но что я не француз, я — русский.

Но она не поверила мне: — Я могу тебе сказать, что я японка, — сказала она, — это будет так же неубедительно. Я хорошо знаю русских, я их видела очень много, и настоящих русских — графов, баронов и князей, а не несчастных шоферов такси, они все хорошо говорили по-французски, но у всех был акцент или иностранные интонации, которых у тебя нет.

Она говорила мне «ты», я продолжал говорить ей «вы», у меня не поворачивался язык ответить так же, она была вдвое старше меня.

— Это ничего не доказывает, — сказал я. — Но скажите мне, пожалуйста, кто был этот Дэдэ?

— Это был один из моих любовников, — сказала она со вздохом. Она сказала «amant de coeur»[17], это непереводимо на русский язык.

— Это очень лестно, — сказал я, не удержав улыбки, — но это был не я.

У нее на глазах стояли слезы, она дрожала от холода. Потом она обратилась ко мне с предложением последовать за ней, мне стало ее жаль, я отрицательно покачал головой.

— У меня не было ни одного клиента сегодня, — сказала она, — я замерзла, я не могла даже выпить кофе.

На углу светилось одинокое кафе. Я предложил ей заплатить за то, что она выпьет и съест.

— И ты ничего от меня не потребуешь?

Я поспешил сказать, что нет, я решительно ничего не потребую от нее.

— Я начинаю верить, что ты действительно русский, — сказала она. — Но ты меня не узнаешь?

— Нет, — ответил я, — я никогда вас не видел.

— Меня зовут Жанна Ральди, — сказала она. Я тщетно напрягал свою память, но ничего не мог найти.

— Это имя мне ничего не говорит, — сказал я.

Она спросила, сколько мне лет, я ответил.

— Да, — сказала она задумчиво, — может быть, ты прав, твое поколение меня уже не знало. Ты никогда не слышал обо мне? Я была любовницей герцога Орлеанского и короля Греции, я была в Испании, Америке, Англии и России, у меня был замок в Виль д'Аврэ, двадцать миллионов франков и дом на rue Rennequin.

И только когда она сказала — rue Rennequin, — я сразу

---

[17] «Любовник для души», т. е. который не платит (фр.).

вспомнил все. Я очень хорошо знал название этой улицы, я впервые услышал его еще в России, много лет тому назад. Я сразу увидел перед собой глухую станцию, запасные пути, занесенные рельсы, трупы лошадей, из которых собаки с крякающим звуком вырывали внутренности, скудный свет железнодорожных фонарей, в котором вился и сыпался мелкий снег — в морозном и единственном в мире воздухе моей родины. В те времена — это был последний год Гражданской войны — вечерами в наш вагон приходил пожилой штатский человек, князь Нербатов, любивший, по его словам, молодежь и долго рассказывавший нам о Париже. Он был стар, беден и несчастен, на нем было заношенное платье, и от него всегда шел точно легкий запах падали. Я вспомнил его слезящиеся от мороза маленькие глаза, густую седую щетину и красноватые руки, которые дрожали, когда он брал папиросу и подносил к ней танцующий в его пальцах огонек спички. Мы кормили его, давали ему деньги и слушали его рассказы. Этот человек всю свою жизнь посвятил женщинам; он провел долгие годы в Париже, интересовался искусством, любил хорошие книги, хорошие сигары, хорошие обеды; театры, скачки, премьеры, ложи, цветы — это всегда фигурировало в его воспоминаниях. Он был по-своему не глупый человек, понимавший, в частности, то, что он называл «женской пронзительностью», но испорченный той видимостью культуры, в ценности которой он никогда не сомневался. Он восхищался «Орленком» и «Дамой с камелиями», был недалек от того, чтобы сравнивать Оффенбаха с Шубертом, с удовольствием читал малограмотные светские романы; он не был плох сам по себе, он был жертвой своих денег и не был виноват в том, что никогда в жизни не сталкивался с людьми, в представлении которых культура не носила того опереточного характера, который он невольно придавал ей.

Он был русским boulevardier[18] давнишнего Парижа, Парижа начала столетия; но главным теперь было то, что в те времена дни его были сочтены; у него был туберкулез, он тяжело кашлял, задыхался и багровел, не мог сказать во время этих припадков ни слова, и в покрывавшихся слезами его глазах в эти минуты было совершенное отчаяние. Помимо туберкулеза, он был болен цингой, — словом, он почти умирал на наших глазах — не физически, так как особенно резкого ухудшения его здоровья не происходило, — а во времени; было ясно, что если мы могли говорить о том, что будет через пять

---

[18] Завсегдатай Больших бульваров (фр.).

лет, то в его устах такая речь была бы бессмысленна, — и он это знал так же хорошо, как и мы. Он оживлялся после водки — и обычно тогда начинал свои рассказы. Но о чем бы он ни говорил, он всегда возвращался к своим любовным воспоминаниям и в конце вечера всегда сбивался на единственную тему, которая, по-видимому, потрясла его навсегда; и если случалось, что он особенно много выпил, он начинал плакать, вспоминая об этом. Это был рассказ о женщине, имени которой я не помнил и которая жила в Париже на улице Ренекэн. У него с ней был длинный роман, и он сообщал, без тени стыда, неприличнейшие и подробные его обстоятельства и нередко горько плакал, вспоминая именно эти нецензурные детали. Женщина, которую он описывал, казалась бы совершенной богиней, если бы не было этих подробностей, и обладала, по его словам, и необыкновенной, непобедимой очаровательностью, и исключительным умом и вкусом, и вообще всеми решительно достоинствами, за исключением добродетели. Я вспомнил, что он рассказывал о ее карьере — и именно о герцоге Орлеанском, короле, банкирах, министрах, этих ее «мимолетных капризах», как он говорил; он очень любил эти выражения, и было удивительно, что личные его — нередко подлинные — несчастья и переживания укладывались именно в такие невыразительные и ничему живому не соответствующие слова; но он был весь проникнут этой словесной дребеденью; он так же говорил по-французски — на том старомодном и смешном языке, который был характерен для начала столетия. И все же, несмотря на явную пристрастность и преувеличенность его описаний, у нас тогда не возникало сомнений, что это была действительно замечательная женщина; и, может быть, этому впечатлению способствовало еще и то, что была лютая зима, Гражданская война, глубокая глушь ледяной России, и та далекая и блестящая в его наивном представлении жизнь в Париже, которой мы никогда не знали, вдруг приобретала и для нас соблазнительность призрачного и невозможного великолепия. Мы расстались с князем, потому что нас спешно перебрасывали на другое место, и я успел зайти к нему попрощаться в маленький и грязный домишко, где он жил; он лежал на кровати, задыхаясь от кашля, в комнате стоял тяжелый запах, окна были заперты, топилась докрасна раскаленная печь. Я принес ему на прощание мешок угля, водку и консервы, пожал его дрожащую горячую руку — он был совсем плох, — пожелал выздоровления; он прохрипел в ответ — умирать остаюсь, прощайте, — и я ушел с тяжелым сердцем. Я никогда потом не возвращался в эти места России и никогда не видел ни одного человека, который мог бы мне сказать, как и когда умер князь, потому что в том, что он умер вскоре после нашего отъезда, не могло быть никаких сомнений. Но воспоминание о нем навсегда было связано у меня с тем опереточным и вздорным миром, который он так любил наивной своей душой и рассказ о котором не вызывал бы ничего, кроме невольного презрения и насмешки, если бы он весь не находился в тени трагического и неприличного силуэта этой женщины.

Стоя рядом с ней в кафе — она пила вторую чашку шоколада и ела сандвич, — я пристально смотрел на нее. Она ела сандвич, отрывая длинными и очень чистыми — я обратил на это внимание — пальцами маленькие куски, которые ей трудно было жевать, так как во рту у нее не хватало зубов. Теперь в свете ламп было видно, что ей значительно больше пятидесяти лет, ей, верно, было за шестьдесят. Я долго смотрел на нее, и вдруг я увидел себя — сухоньким стариком с морщинистой желтой кожей, с дряблым телом и тоненькими мускулами, которые будут неспособны ни к какому усилию. Была глубокая ночь, за окном кафе вился мелкий и редкий снег. Мне стало холодно и очень неприятно. Но я сделал над собой усилие и сказал:

— Извините меня за нескромность. Но каким образом вышло, что, имея такое состояние, вы все-таки теперь вот, когда вам следовало бы мирно жить в удобном и теплом доме и читать книги, если это вас интересует, вместо этого...

Она пожала плечами и ответила, что это длинная история, что ее погубили наркотики, что ее обкрадывали все и что она не могла остановиться, хотя знала, чем все это должно кончиться. Она говорила со мной на таком чистом и прекрасном французском языке, который мне приходилось слышать очень редко и который придавал некоторую убедительность рассказам о ее прошлом великолепии. Теперь она жила в глубокой нищете, в одной из холодных комнат старого дома, находившегося на той же самой улице, где у нее когда-то был особняк. Она рассказывала мне, что в течение долгих лет ей принадлежал — во второй, менее блистательной половине ее жизни — один из лучших домов свиданий в Париже.

— Да, да, — рассеянно сказал я, — все то же самое.

Кафе уже закрывалось. Я расплатился, и мы вышли на улицу. Она все время дрожала от холода, и слезы опять мгновенно показались на ее глазах.

— Идите домой, — сказал я, — вы простудитесь, тогда будет еще хуже.

97

Она отрицательно качала головой и отказывалась, говоря, что не заработала ни одного франка. Мне было очень жаль ее, я дал ей немного денег и отвез ее домой.

— Спасибо, мой милый, — сказала она, стоя уже на тротуаре, перед дверью своего дома. — Я думаю, что ты не совсем нормален, и я верю теперь, что ты русский. Если ты будешь еще в этих местах, ты всегда найдешь меня здесь. Я буду рада тебя видеть, мы поговорим.

Я вернулся туда через несколько дней в тот же поздний час и издали увидел ее фигуру. На этот раз мы долго говорили с ней; и впоследствии я неоднократно проводил целые часы в этих разговорах. Она была действительно по-настоящему умна — особенным, снисходительным и ленивым умом, в котором совершенно отсутствовало озлобление или резкое осуждение, и это казалось вначале удивительным. У нее была прекрасная память. Я спросил ее однажды, помнит ли она князя Нербатова. Она вдруг засмеялась совсем особенно, так, что, если бы я только слышал этот смех, а не видел бы ее, я бы думал, что это смеется молодая женщина, — и сказала:

— Маленький русский князь с лорнетом, который жил на авеню Виктор Гюго? Ты знал его? Где? В России?

Я кивнул головой. Она задумалась, вспоминая, по-видимому, это далекое время.

— Он был неплохой человек, он мне предложил ехать с ним в Россию и все рассказывал о своих имениях. Но он был не очень умен и очень сентиментален.

— Я думаю, как все boulevardiers.

— Большинство, — сказала она с улыбкой. — Не абсолютно все, но большинство. Это была особенная порода людей.

— Да, да, знаю, — сказал я, — дурной вкус, и сентиментальность дурного вкуса, и адюльтерные вздохи, и теперь — зловонная старость после долгой жизни, которая похожа на идиотскую мелодраму даже без извинения трагической развязки.

— Странно, — сказала она, не отвечая, — удивительное соединение: у тебя доброе сердце и такая явная душевная грубость. Нет, твое поколение не лучше. Ты говоришь — дурной вкус. Но ведь вкус — это эпоха, и то, что сейчас дурной вкус, не было таким раньше. Ты должен это знать, мой милый.

После того как я увидел Ральди первый раз и она приняла меня за Дэдэ-кровельщика, — несмотря на упоминание рю Ренекэн, — ее история казалась мне невероятной, и я спрашивал о ней у старых шоферов, и в частности у одного из них, который тридцать лет работал ночью. Оказалось, что ее действительно знали все.

— Она была неплохая девка, — сказал он мне, — и совсем не зазнавалась. И сколько было этой сволочи из аристократов, которые ее содержали! Как же мне ее не знать? Ты только ее спроси, помнит ли она шофера Рене, она тебе сама скажет. Почему ты меня о ней спрашиваешь, она к тебе пристала на улице? Какое несчастье! И думать об этом жалко. Они все так кончают, они порченые.

Мне было жаль Ральди, у меня не хватало жестокости говорить с ней так, как мне хотелось, то есть со всей откровенностью. Но все же я расспрашивал ее, она рассказывала мне свою жизнь, которая вся состояла из грубейших ошибок и непонятных увлечений, что казалось удивительно при ее необычном, особенно для женщины ее круга, уме. Я сказал ей это, она ответила, что страсть сильнее всего. Я не удержался и еще раз пристально посмотрел на нее, на это морщинистое и старое лицо с удивительными и нежными глазами.

— Тебя удивляет, что я говорю о страсти? — сказала она, угадав мою мысль. — Четверть века тому назад, когда я произносила это слово, оно производило другое впечатление, чем теперь.

У нее была своя философия — снисходительная и примирительная, она не очень высоко ценила людей, но считала их недостатки естественными. Когда она сказала это мне, я заметил, что весь огромный ее опыт касался, в сущности, только одной категории людей, действительно ничтожной, людей, которые посещают полусвет — жеманная глупость этого выражения всегда раздражала меня, — дома свиданий, специальные ночные кабаре, содержат актерок и танцовщиц и в которых нет ничего, кроме душевной и физической дряблости и все того же всепобеждающего дурного вкуса. Она слушала то, что я говорил, смотря на меня насмешливо-нежным своим взглядом.

— Ты бы хотел все это уничтожить? взорвать?

— Нет, но если бы это исчезло, об этом не стоило бы жалеть.

Она покачала головой и сказала, не переставая улыбаться, что это не есть особенная категория людей.

— Что же это такое?

— Известная степень благосостояния, и если бы ты его достиг, ты, даже ты, наверное, был бы таким же, как они.

— Никогда, — сказал я.

— Я бы надеялась на это, — ответила она, — но я бы не ручалась.

Однажды она сказала мне:

— Тебе не кажется нелепым, что ты шофер такси, ты не думаешь, что эта работа тебе не подходит?

Я ответил, что выбора у меня не было. И тогда она предложила мне свои услуги, чтобы поблагодарить меня, как она сказала, за человеческое отношение к ней. — Я устрою твою жизнь иначе, ты еще очень молод и, кажется, здоров. — Я, недоумевая, смотрел на нее. Она объяснила мне, что у нее большие знакомства, что есть женщины, в конце концов, нестарые, сорок два, сорок три года, француженки или англичанки... Я сидел с ней в кафе и хохотал как сумасшедший, не будучи в силах остановиться. Потом со слезами смеха я поблагодарил ее.

— Что? ты находишь это невозможным? Но ведь это лучше, чем сидеть за рулем твоего автомобиля. У тебя так сильны предрассудки?

В тот вечер, когда происходил этот разговор, я не работал; я был в кинематографе на бульварах, потом, гуляя по Парижу, дошел до Этуаль и, вспомнив о Ральди, спустился на авеню Ваграм и встретил ее. Была весенняя светлая и прозрачная ночь. Мы сидели на террасе; по тротуару мимо нас проходили редкие прохожие. Из глубины кафе тихо дребезжала граммофонная пластинка; певица с высоким и идеально лишенным мелодичности голосом, так что было даже удивительно, как у нее все-таки получается какой-то мотив, пела уже вышедшую тогда из моды песенку «Раньше я смеялась над любовью». И сквозь этот мотив я внезапно ощутил вдруг рядом с собой чье-то неожиданное присутствие. Я повернул голову и увидел, в двух шагах от себя, на тротуаре, Платона, моего всегдашнего собеседника, Бог знает как очутившегося в этом далеком от его квартала районе. Но еще больше, чем его появление, меня удивил его вид. Он был в смокинге; и всегда небрежное его лицо было свежевыбрито, отчего совершенно изменилось и приобрело печальную важность, и я подумал, что его несомненная чистая очевидность, должно быть, была вообще характерна для него, но скрывалась обычно густой щетиной. Он поздоровался со мной и низко поклонился Ральди, сняв шляпу отвыкшей от этого движения рукой. Я пригласил его сесть за столик и собрался заказать ему, как всегда, белого вина, но он остановил меня и спросил пива.

— Вы положительно хотите заставить меня пройти все

100

возможные степени удивления, дорогой друг, — сказал я. — Как вы попали в эти края и чем объясняется ваш смокинг, которым вы, насколько я знаю, не злоупотребляете? Мадам Ральди, разрешите вам представить моего друга Платона.

Платон был так же печален и учтив, как всегда. Он спросил Ральди, не беспокоит ли ее дым, закурил сигару и объяснил, что был на премьере одной пьесы, решил пешком вернуться домой и вот, гуляя в этом районе Парижа, где он не бывал много лет, он случайно увидел меня и остановился. Ральди спросила его, нравится ли ему эта часть Парижа, он ответил, что он к ней равнодушен, он предпочитает левый берег Парижа, узкие улицы, выходящие на набережную Конти, остров Святого Людовика, бульвар Сен-Жермен, улицу Мазарин, вообще кварталы, сохранившие ту архаическую прелесть, которой нет в больших и центральных районах правого берега. Ральди заговорила о других городах, и тут тоже сказалась разница их вкусов в том, что касалось, например, Лондона, Мадрида или Рима.

— Человек, — сказал Платон, — который стал бы утверждать, что внешний облик всякого города есть живая иллюстрация его последовательной культуры, в сущности, был бы прав, но эта теория отличается трудностью приложения, отсутствием очевидности; эти изменения обнаруживаются только в результате тщательного наблюдения и сопоставлений; на первый взгляд это незаметно.

Ральди не была вполне согласна с ним; Платон заговорил об индивидуальном восприятии, затем речь перешла на театр, который он очень любил. Когда я сказал, что предпочитаю кинематограф, и Платон, и Ральди посмотрели на меня с неодобрением.

— Как ты можешь даже сравнивать эти вещи? — сказала Ральди.

— Не кажется ли вам, мой друг, — сказал Платон, — что некоторая склонность к парадоксам, которую я замечал у вас и раньше, на этот раз увлекает вас на опасный путь?

Был поздний час, прохожих становилось все меньше, и на ярко освещенной террасе кафе, окруженной бледнеющим и удаляющимся светом тротуарных фонарей, который, в свою очередь, смешивался с лунными лучами, мы остались одни, остальные уже ушли, — и я подумал об удивительной неправдоподобности этого разговора, участниками которого были проститутка, алкоголик и ночной шофер. Но и Ральди, и Платон продолжали говорить с прежней непринужденностью, и та последняя степень социального падения, в которой мы все

101

находились, давно стала для них привычной и естественной, и, может быть, в этом презрительном примирении с ней, вернее, в готовности к этому примирению и заключалась одна из главных причин их теперешнего состояния. Мы расстались с Ральди — Платон опять поклонился и снял шляпу — и по пустым улицам пошли пешком на Монпарнас, недалеко от которого мы оба жили.

— Вы слышали когда-нибудь о Ральди? — спросил я Платона.

— Да, конечно, — сказал он.

— И вы не поразились, увидя ее в таком состоянии?

На его неподвижном обычно лице появилась улыбка. Он был совершенно трезв, и его разговор очень выигрывал от этого в связности и логичности, хотя тот абстрактный и книжный его характер, к которому трудно было привыкнуть, был еще более подчеркнут, чем всегда. Со стороны получалось впечатление, что он читает наизусть отрывки из ненаписанного трактата, — именно эта отвлеченность его речи создала ему в кафе, где его собеседники были чаще всего простые люди, репутацию сумасшедшего.

— Сравнительный метод, — сказал он, — во взгляде на различные состояния одного и того же человека в разные периоды его жизни есть один из важнейших элементов, почти непогрешимый критерий практического суждения. Если мы умеем удержаться от неизбежно напрашивающихся легких эффектов, имеющих свою бесспорную ценность в литературе, но абсолютно недопустимых в построениях бескорыстного суждения, то результаты такого исследования почти всегда бывают плодотворны.

— Легкий эффект в данном случае — это, конечно, «величие и упадок».

— Легкий — и неправильный. Потому что в теперешнем состоянии Ральди, которую следует считать замечательной женщиной, есть соединение тех элементов, которые обусловили ее великолепное и бессмысленное с практической точки зрения существование.

Мы спускались по авеню Марсо, и я продолжал с наслаждением шагать в эту прозрачную, безмолвную и светлую ночь. Париж спал глубоким сном в этот час; и, проходя мимо неплотно затворенных ставен одной из квартир на первом этаже, мы услышали чей-то явственный храп, со вздохами и очень короткими паузами. — Я предполагаю, что это консьерж, — сказал Платон. По другой стороне улицы, навстречу нам, неверной и заплетающейся походкой прошел бедно одетый и

102

совершенно пьяный человек. Его появление тотчас же вызвало у меня такую явную, такую неотразимую ассоциацию, что я не успел овладеть собой и спросил, хотя понимал, что этого не следует делать:

— Платон, отчего вы пьете?

Он сделал несколько шагов, не отвечая, потом сказал:

— Вот и в данном случае большинством людей эта проблема решается неправильно. Истина, печальность которой я не собираюсь отрицать, заключается в следующем: мы алкоголики не потому, что мы пьем, нет; мы пьем оттого, что мы алкоголики.

Но меня уже охватило раскаяние, и я не хотел продолжать этот разговор, который я считал тягостным для Платона, хотя впоследствии я понял, что это было неверно; он был тягостен для меня, Платон же давно ушел из того мира мгновенных и сильных сожалений, в котором я задыхался всю мою жизнь.

— Мы говорили о Ральди, — сказал он. — Чем объясняется ее удивительная карьера? Каким образом простая французская девушка из Тулона, говорившая с сильным южным акцентом, следов которого вы тщетно стали бы искать в ее теперешней речи, могла стать на некоторое время одной из самых блестящих женщин Парижа и почему ее благосклонности добивались очень богатые и титулованные люди, которые дрались из-за нее на дуэли?

— Я очень низкого мнения о вкусе этих людей, Платон, — сказал я. — Тот факт, что ее выбрал сначала герцог, потом король, потом геморроидальный сенатор, мне ни в какой степени не кажется убедительным. Вы знаете так же хорошо, как и я, что это могли быть люди, эстетическое чувство которых было не более изощренным, чем эстетическое чувство крестьянина или мастерового.

— Я этого не отрицаю априорно. Но количество людей, которые стремились к обладанию этой женщиной, независимо от того, были они титулованы или нет, готовность рисковать своей жизнью или даже временной потерей здоровья ради ее расчетливой и, в сущности, спорной и призрачной любви — одно это количество говорит о том, что она была не похожа на других женщин полусвета. Итак, в чем был секрет ее удивительного и несомненного очарования?

— Я думаю, что мы никогда не узнаем этого, Платон. Те люди, которые — я делаю лестное и, наверное, неправильное предположение о них — могли нам рассказать об этом, либо умерли, либо впали в старческий идиотизм. Мы с вами этого не знали; я отдаю должное аналитической гибкости вашего ума и

103

его беспристрастности, но я считаю, что решение этой задачи было потеряно лет тридцать тому назад и теперь оно не существует.

— Я очень далек от картезианских идей, — сказал Платон, — я считаю, что они принесли большой вред нашей мысли. Возможность полного и ясного ответа на сложный вопрос кажется осуществимой только для ограниченного воображения, это был основной недостаток Декарта. Но в некоторых случаях важнейший и определяющий все аспект вопроса кажется мне несомненным. Именно так обстоит вопрос с Ральди. Она всегда знала, что она погибла, — она видела неизбежное приближение того состояния, в котором мы с вами покинули ее час тому назад, она знала это всегда, и вот это печальное понимание некоторых последних вещей, понимание, которое не могло не отразиться на всей ее жизни, на каждом выражении ее глаз, на каждой интонации ее удивительного голоса и, наверное, на каждом ее объятии, — оно в основном и определило ее несравненное очарование.

— Да, мне кажется, я понимаю, — сказал я. И я подумал, что сейчас, в эту минуту, Ральди, наверное, спит в своей маленькой комнатке на влажно-теплых от ее тела простынях, представил себе на подушке тихий и сухой шелест волос, когда она во сне поворачивает голову, смертельно и давно усталые мускулы ее обезображенного возрастом лица, ее жалобно отвисающую нижнюю губу над редкими желто-черными зубами. И я тотчас же опять вспомнил бедного князя и пьяный его лепет: «Она лежала в кровати, в нежно-голубой рубашке, я стоял на коленях перед кроватью, и она гладила мне голову вот так», — он проводил по потной лысине, перерезанной сизыми жилами, своей надушенной рукой.

— Платон, это невозможно, — сказал я почти в исступлении, — обстоятельства складываются так, что всюду, куда бы я ни попал, я вижу всегда умирание и разрушение, и оттого, что я не могу этого забыть, вся жизнь моя отравлена этим.

Я впервые говорил Платону об этих вещах, которыми я обычно ни с кем не делился; я, может быть, не сказал бы этого, если бы Платон — так же как Ральди — не пребывал бы в том небытии, сохранившем призрачный и обманчивый облик подлинной жизни, где умолчания и расчет уже давно не имели смысла. Но длительная привычка ко лжи, которой была пропитана вся моя жизнь, лжи о том, что я, в сущности, довольно благополучно существую и ничего никогда не принимаю трагически, оказалась сильнее всего, и я перевел разговор на другое, не дав времени Платону ответить. Я непременно хотел узнать, чем объяснялось это неожиданное и недолгое — в этом я не сомневался — возвращение Платона в тот исчезнувший Париж, к которому он когда-то принадлежал, — вечерний город смокингов, премьер и так называемых приличных людей. Это было, как и следовало ожидать, случайностью: один знакомый Платона, обокравший виллу в Нейи и завернувший в прекрасную, по словам Платона, скатерть костюмы, серебро, меховую шубу и еще несколько разнообразных предметов, — знакомый, состоявший под сильным подозрением полиции и стесненный в своих действиях, — раздал все эти вещи случайным людям — и на долю Платона пришлись смокинг и бритва с большим запасом ножей. Я спросил, профессиональный ли это вор. Платон пожал плечами и ответил, что это совершенно приличный человек из хорошей семьи, только недавно начавший свою карьеру — в результате неудачно сложившейся жизни.

— Какое, в сущности, имеет значение, профессиональный ли это вор? — сказал Платон. — Я не совсем понял причину вашего вопроса, я хочу сказать, побудительную причину?

Я объяснил ему, что поведение этого человека содержало в себе два необычных элемента — отсутствие личной непреодолимой жадности, во-первых, и известную гибкость расчета, во-вторых; если б он продал это за гроши скупщику краденого, против него были бы улики; предположение же о том, что он просто раздал вещи, имело шансы вообще не возникнуть у тех, кому было поручено следствие. Поэтому я подумал, что знакомый Платона не принадлежит к категории профессиональных воров — его поступки для этого одновременно слишком умны и слишком бескорыстны. Я неоднократно сталкивался с профессиональными ворами, среди них находились неплохие люди и верные товарищи, но отличительным признаком их всех, почти без исключения, был неподвижный и тупой ум, вернее, очень односторонний; они могли проявить некоторую изобретательность в начале предприятия, но потом вели себя с полным отсутствием личной фантазии в использовании краденого или трате денег, так, точно были персонажами одной и той же, очень глупо написанной, пьесы.

— Даже в том случае, — сказал я, — если использование краденого и носит вовсе неожиданный характер, отсутствие элементарной гибкости воображения губит этих людей.

И я напомнил ему историю молодоженов, кажется крестьянского происхождения, которые убили богатого

105

старика, взяли деньги, около полутораста тысяч франков, и через три дня после этого приобрели в собственность гастрономический магазин, в котором собирались делать карьеру честных коммерсантов; и агенты полиции, войдя туда, нашли его, в белом переднике, за прилавком, и ее, с только что конченной у парикмахера прической, — на высоком стуле, за кассой этого магазина.

— Я полагаю, что это были бы прекрасные коммерсанты, — сказал Платон.

— Очень может быть.

Мы дошли до Монпарнаса и поравнялись с кафе, где обычно Платон проводил свои ночи. Он остановился и пригласил меня выпить с ним что-нибудь.

— Нет, спасибо, дорогой друг, я пойду домой, — сказал я. — Может быть, во мне тоже дремлет любитель театральных эффектов: я хотел бы, чтобы к воспоминанию об этом вечере и о нашей с вами прогулке не прибавились бы некоторые моменты, которые нарушают цельность впечатления. Если бы я был автором, я бы их не допустил; будучи только вашим спутником и собеседником, я предпочитаю расстаться с вами. Спокойной ночи.

Я навсегда запомнил эту прозрачную весеннюю ночь, начинавшийся рассвет, этот неуверенный и чем-то великодушный жест Платона, снявшего свою черную шляпу, и бритое печальное его лицо над белой рубашкой и смокингом, которые я видел тогда на нем в первый и последний раз, потому что потом, когда я встретился с ним снова, через несколько дней, ни смокинга, ни шляпы, ни крахмальной рубашки уже не существовало, потому что они были, конечно, проданы на следующий же вечер.

Я работал в то время в небольшом гараже, который находился на глухой улице, недалеко от Bd de la Gare, и вдоль которой с одной стороны тянулась глухая темно-серая стена сахарной фабрики, с другой — жалкие одноэтажные дома, где люди жили в условиях семнадцатого столетия, — я неоднократно видел сквозь мутные стекла их окон желтый свет керосиновых ламп; летом на балюстрадах развешивалось мокрое белье, с крупными, видными за десяток метров заплатами; по утрам у дверей этих домов играли бедно одетые ребятишки, необыкновенно многочисленные; и когда они бегали, то был слышен быстрый звук их цокающих ботинок с гвоздями. Я выезжал в восемь или девять часов вечера и до полуночи возил по городу случайных людей; и только в полночь Париж совершенно стихал и во всем городе оставалось несколько оживленных перекрестков, как оазисы в каменной ночной пустыне, — Монпарнас, Монмартр, некоторые места Больших бульваров — то, что называлось ночным Парижем.

Однажды, в десятом часу вечера меня остановил седенький чистенький старичок, оказавшийся, как я узнал впоследствии, нотариусом маленького города, в тридцати километрах от Парижа, и с ласковой старческой улыбкой сказал, что намерен меня нанять на несколько часов, так как сегодня приехал в Париж и собирается сделать то, что называется «Tournée des Grands Dues»[19]. Он тотчас же вытащил бумажник и при мне посчитал деньги; у него было одиннадцать билетов по тысяче франков, несколько сотенных бумажек и еще какая-то мелочь.

— Ну, теперь едем, — сказал он. И мы поехали. Он знал наизусть все адреса дорогих публичных домов и кабаре, я его возил в эти места, и каждый раз он выходил из очередного заведения все менее и менее уверенной походкой, и речь его постепенно теряла свою внятность. Я был свидетелем того, как его беспощадно обкрадывали все, начиная от людей, отворявших ему дверцу автомобиля, которым он имел неосторожность дать крупный билет: они долго и нудно пересчитывали ему сдачу, он терпеливо стоял и смотрел на деньги мутными глазами — и в результате ему оставляли каких-нибудь двадцать франков мелочью, — и кончая горничными и самыми случайными субъектами, с которыми он сталкивался и которые немедленно становились его спутниками и посредниками, хлопали его по плечу и вместе с голыми женщинами, внутри этих учреждений, все время громко смеялись. Это было правило хорошего тона, которое я давно знал и происхождение которого, я думаю, нужно было искать во всей той рекламной литературе, которая обслуживала эту область промышленности и где визиты в публичные дома и другие учреждения такого же типа раз и навсегда было принято считать выражением жизнерадостности, веселья и того самого знаменитого «галльского веселья», которое меньше всего вязалось с этой смертельно унылой порнографией. Во всяком случае, девушки и их разнообразнейшие сотрудники по ремеслу неизменно следовали этому своеобразному этикету и хохотали от всякой реплики; и иногда, сквозь сизый туман табачного дыма, мне начинало казаться, что старичок сидит, окруженный чревовещателями и чревовещательницами. Он, однако, по-видимому, находил это все естественным — во всяком случае, вначале, пока не опьянел совершенно. Но у него

---

[19] «Турне по великогерцогскому маршруту» (фр.).

хватило до конца судорожного усилия воли, чтобы продолжать это, давно потерявшее смысл, путешествие; хотя в его глазах первоначальная старческая ласковость исчезла и сменилась особенным выражением беспомощной тревоги, он все же выходил, втискивался в автомобиль, падал на сиденье и, собравшись с силами, произносил еще одно название улицы и номер дома. Галстук его давно и непоправимо был набоку, рубашка была расстегнута, шляпу он где-то забыл, и седая его голова беспомощно и равномерно ерзала по спинке сиденья. Все это кончилось в шестом часу утра, когда он уже не мог ничего произнести, кроме отрывистого звука «а-а», — я понял, что он еще хотел ехать на Halles, несмотря на смертельную усталость и полное непонимание всего, что с ним происходило. Я спросил его, где он живет, он посмотрел на меня чужими и пьяными жалобными глазами и не мог ничего ответить. Мне не хотелось его отвозить в комиссариат, я подъехал к первому полицейскому и, объяснив ему, в чем дело, сказал, что надо бы выяснить, где живет старик, и доставить его домой. Мы вдвоем с полицейским подняли его легкое тело, вынули из его кармана бумажник и там нашли его визитную карточку и адрес парижской гостиницы, в которой он остановился. Денег у него оставалось совсем немного — около двухсот франков; я думаю, он истратил тысяч семь, остальные у него украли. Мы привезли его в гостиницу, вынесли его из автомобиля и сдали у входа служащим; полицейский заплатил мне его деньгами, и я уехал. В последнюю минуту старичок открыл непонимающие глаза и опять сказал: — а-а, — но уже совсем умирающим голосом.

— Что он там рассказывает? — спросил полицейский.

— Как это ни кажется невероятным, он хочет ехать на Halles, — сказал я.

— Он бы лучше поехал на Пер-Лашез, — сердито сказал полицейский, и мы расстались; светило солнце, было около семи часов утра.

Я шел домой и все думал, зачем было нужно этому старому человеку, у которого, наверное, давно были взрослые внуки, так бессмысленно тратить деньги и с такой непонятной мертвой настойчивостью тащиться из одного публичного дома в другой, хотя уже после первых двух визитов хозяйка такого особняка, куда мы приехали, пропустив его вперед, сказала мне с сожалением:

— Ну, этот женщину не возьмет. Так, что-нибудь выпьет, и больше ничего.

— Откуда ты знаешь? — спросил я.

— Мне знать не надо, я вижу, — сказала она, — у него и так

вид усталый. Кроме того, в его возрасте, брат... Ты уж мне поверь, я всяких видала.

Я имел возможность оценить безошибочность ее взгляда, старик действительно ограничился двумя бокалами шампанского — о чем мне сообщила горничная, — хотя, уже сидя в автомобиле, он сказал мне:

— Вы знаете, женщины здесь ничего себе. В частности, та, которую я себе выбрал.

И я подумал, что он жил годами все в одном и том же своем маленьком городке, составлял нотариальные акты — все одни и те же: «в конторе нотариуса...», «с законной подписью...», «тысяча девятьсот...» — и тайком от семьи и близких знакомых лелеял убогую и наивную иллюзию, что он, в сущности, блестящий кутила и любитель женщин, и вот ради этой иллюзии, которая придавала всей его жизни тайный смысл, он уезжал в Париж, «по делам», и здесь уже не мог ни в чем отступить от того поведения, которое было бы характерно именно для этого, нигде, кроме его бедного воображения, не существующего, кутилы и развратника. А за это он платил такой дорогой ценой.

Я потом видел неоднократно людей, которые после ночного кутежа были приблизительно в таком же состоянии, женщины столь же часто, как и мужчины. Но в бесконечном разнообразии людей, с которыми мне приходилось иметь дело, всегда находились неожиданные и непредвиденные оттенки поведения, хотя и цели их поездок, и развлечения их были одинаковыми. У меня был клиент, англичанин, человек очень делового и озабоченного вида, который остановил меня на Елисейских Полях и спросил по-английски — он, по-видимому, не думал, что может быть непонятым, — знаю ли я место, где есть красивые женщины, и после моего утвердительного ответа сел в автомобиль и сказал — едем. Мы приехали туда, он попросил меня подождать, вышел оттуда буквально через десять минут и поехал в гостиницу, находящуюся в двух шагах оттуда. Все, вместе взятое, заняло не более двадцати пяти минут. Потом он расплатился со мной и ушел, улыбнувшись в последнюю минуту особенной неподвижной улыбкой и сказав мне единственное, по-видимому, французское слово, которое он знал, — merci[20]. Был голландец, поезд которого отходил с вокзала без десяти минут десять и который приехал в публичный дом в начале десятого часа и попросил меня вызвать его, если он не вернется без двадцати десять, так как,

_____

[20] Спасибо (фр.).

109

сказал он, он может увлечься и пропустить поезд. Без двадцати десять его не было, я пошел его искать. В синеватом табачном тумане, освещенные многочисленными яркими лампами, ходили и сидели голые женщины и разнообразные посетители; толстая и очень накрашенная дама в черном сверкающем платье быстро направилась навстречу мне — и когда она шла, то громадное и жирное ее тело мелко тряслось на ходу. Она начала было говорить о том, как она рада меня видеть, но я прервал ее и объяснил, зачем я пришел, после чего ее лицо с мгновенной быстротой изменилось и потускнело, и она ответила:

— Что я могу сделать? У меня тридцать две комнаты, из них двадцать восемь заняты. Не могу же я идти туда за твоим клиентом? А потом, в конце концов, если он пропустит свой поезд — тебе-то что?

Но когда я спустился вниз, голландец уже ждал меня, он пришел за несколько секунд до моего возвращения.

Каждую ночь мне приходилось сталкиваться с проститутками и их клиентами, и я не мог к этому привыкнуть. Мне все это казалось совершенно непостижимым, хотя я прекрасно понимал, что мои представления о женщинах этого рода существенно отличались от представлений их клиентов, и разница была в том, что я действительно их знал, так как со мной они говорили как со своим человеком и особенно любили сравнивать свое ремесло с моим. «Занимаемся одним и тем же ремеслом» — это была их любимая фраза. Под утро, когда я, кончив работу, ехал в гараж, я нередко подвозил этих женщин, тоже возвращавшихся домой после ночной работы, и они неизменно предлагали всегда одну и ту же плату за это. Я сажал их обычно вглубь автомобиля, а не рядом с собой, так как все они были очень надушены крепкими дешевыми духами, чем-то вроде едкого раствора плохого мыла, и от их соседства у меня во рту появлялся дурнотный вкус.

* * *

Я возвращался домой обычно в пятом или шестом часу утра, по неузнаваемым пустым и сонным улицам. Иногда я проезжал через Центральный рынок — и, я помню, меня особенно поразило, когда я впервые увидел людей, запряженных в небольшие тележки, в которых они везли провизию; я смотрел на обветренные лица и на особенные их глаза, точно подернутые прозрачной и непроницаемой

110

пленкой, характерной для людей, не привыкших мыслить, — такие глаза были у большинства проституток, — и думал, что, наверное, то же, вечно непрозрачное, выражение глаз у китайских кули, такие же лица были у римских рабов — и, в сущности, почти такие же условия существования. Вся история человеческой культуры для них не существовала никогда, как не существовала история вообще, смена политических режимов, кровавое соперничество идей, расцвет христианства, распространение письменности. Тысячи лет тому назад их темные предки существовали почти так же, как они, и так же работали, и так же не знали истории людей, живших до них, — и все всегда было приблизительно то же самое. И они все были приблизительно одинаковы — рабочие-арабы, познанские крестьяне, приезжающие во Францию по контрактам, — и вот эти рабы на Центральном рынке; все великолепие культуры, сокровища музеев, библиотек и консерваторий, тот условный и торжественный мир, который связывает людей, причастных ему и живущих за десятки тысяч километров друг от друга, эти имена — Джордано Бруно, Галилей, Леонардо да Винчи, Микеланджело, Моцарт, Толстой, Бах, Бальзак, — все это были напрасные усилия человеческого гения — и вот прошли тысячи и сотни лет цивилизации, и снова, на рассвете зимнего или летнего дня, запряженный системой ремней, тот же вечный раб везет свою повозку. После того как я прожил несколько лет среди различных категорий таких людей, и в частности после ужасного фабричного стажа, позже, в университете, когда я слушал лекции профессоров и читал книги, необходимые для курса социологии, который я сдавал, меня удивляло глубочайшее неправдоподобное несоответствие их содержания тому, о чем в них шла речь. Все, без исключения, теоретики социальных и экономических систем — мне это казалось очевидным — имели очень особенное представление о так называемом пролетариате, который был предметом их изучения; они все рассуждали так, как если бы они сами — с их привычкой к культурной жизни, с их интеллигентскими требованиями — ставили себя в положение рабочего; и путь пролетариата представлялся им неизбежно чем-то вроде обратного их пути к самим себе. Но мои разговоры по этому поводу обычно не приводили ни к чему — и убедили меня лишний раз, что большинство людей не способны к тому титаническому усилию над собой, которое необходимо, чтобы постараться понять человека чужой среды, чужого происхождения и которого мозг устроен иначе, чем они

111

привыкли себе его представлять. К тому же я заметил, что люди очень определенных профессий, и в частности ученые и профессора, привыкшие десятки лет оперировать одними и теми же условными понятиями, которые нередко существовали только в их воображении, допускали какие-то изменения лишь в пределах этого круга понятий и органически не выносили мысли, что к этому может прибавиться — и все изменить — нечто новое, не предвиденное или не замеченное ими. Я знал одного старичка-экономиста, сторонника классических и архаических концепций; он был милый человек, часами играл со своими маленькими внуками, очень хорошо относился к молодежи, но был совершенно непримирим в понимании экономической структуры общества, которая, как ему казалось, управлялась всегда одними и теми же основными законами и в его изложении отдаленно напоминала грамматику какого-то несуществующего языка. Одним из этих законов был, по его мнению, злополучный закон спроса и предложения; и сколько я ни приводил ему примеров бесчисленного нарушения его, старик никак не хотел признать, что этот закон может подвергнуться сомнению, — и наконец сказал мне с совершенным отчаянием и чуть ли не слезами в голосе:

— Поймите, мой юный друг, что я не могу с этим согласиться. Это бы значило зачеркнуть сорок лет моей научной работы.

В других случаях упорство в защите и проповедовании явно несостоятельных идей объяснялось более сложными, хотя, я полагаю, тоже соображениями чаще всего личного самолюбия и непогрешимости; хотя беспристрастному человеку становилось с самого начала очевидно, что речь может идти только о печальном недоразумении, труды такого-то продолжали считаться заслуживающими внимания и что-то помогающими понять в той или иной области науки, несмотря на явную их абсурдность и искусственность или даже признаки начинающегося безумия, как в книгах Огюста Конта или Штирнера и еще нескольких людей, писателей, мыслителей, поэтов, — и почти всегда в этих вспышках безумия было нечто похожее на иные формы человеческого представления, наверное соответствующие какой-то в самом деле существующей действительности, о которой мы просто не догадывались.

Мне приходилось сталкиваться и с другими случаями, отчасти похожими на эти, только несколько менее трагическими, но почти столь же досадными по их

112

несомненной нелепости. В зимние месяцы и часто глубокой осенью, в субботу, когда я останавливался на av. de Versailles против моста Гренель, я в тишине этих безмолвных часов слышал издалека торопливые шаги и стук палки по тротуару — и когда человек, производивший этот шум, проходил под ближайшим фонарем, я сразу узнавал его. Он возвращался к себе — он жил несколькими домами ниже — после партии в бридж. Если он бывал в выигрыше, он напевал тихим и фальшивым голосом старинную русскую песню, всегда одну и ту же, и шляпа его была немного сдвинута на затылок; если он проигрывал, то шел молча и шляпа прямо сидела на его голове. Этого человека много лет тому назад знала вся Россия, судьба которой формально находилась в его руках, — и я повсюду видел его бесчисленные портреты; десятки тысяч людей слушали его речи, и каждое слово его повторялось, как если бы возвещало какую-то новую евангельскую истину. Теперь он жил, как и другие, в эмиграции, в Париже. Я встречался с ним несколько раз; это был почти культурный человек, не лишенный чувства юмора, но награжденный болезненным непониманием самых элементарных политических истин; в этом смысле он напоминал тех особенно неудачных учеников, которые есть в каждом классе любого учебного заведения и для которых простейшая алгебраическая задача представляется чем-то совершенно неразрешимым в силу их врожденной неспособности к математике. Было непостижимо, однако, зачем он с таким непонятным ожесточением, и нередко рискуя собственной жизнью, занимался деятельностью, к которой был так же не способен, как не способен человек, вовсе лишенный музыкального слуха, быть скрипачом или композитором. Но он посвятил этому все свое существование; и хотя его политическое прошлое не заключало в себе ничего, кроме чудовищно непоправимых ошибок, вдобавок идеально очевидных, ничто не могло его заставить сойти с этой дороги; и лишенный каких бы то ни было возможностей действовать теперь, он все же занимался чем-то вроде судорожного суррогата политики и издавал небольшой журнал, в котором писали его прежние сотрудники по давно умершей партии — столь же убежденные защитники архаических и не соответствующих никакой действительности теорий.

И все-таки этот человек был счастливее других; в том огромном и безотрадном мире, который составляли его соотечественники, долгие годы влачившие все одну и ту же непоправимую печаль, всюду, куда их забросила их нелегкая и

113

трагическая судьба — на парижских или лондонских улицах, в провинциальных городах Болгарии или Сербии, на набережных Сан-Франциско или Мельбурна, в Индии, Китае или Норвегии, — он, один из немногих, жил в счастливом неведении о том, что все, ради чего он столько лет вел бескорыстное существование, почти отказавшись от личной жизни, и что он неправильно понимал и прежде, много лет тому назад, так же давно перестало существовать, как народный гнев после реформ Петра или упрямое безумие русских раскольников; и он продолжал хранить свою верность тем воображаемым и вздорным идеям, в которых было убеждено несколько сот человек из двух миллиардов людей, населяющих земной шар. Я слышал несколько раз его речи; меня поражало в них соединение беззащитной политической поэзии и очень торжественного архаизма, не лишенного некоторой, чисто фонетической, убедительности.

В силу удивительного стечения разнообразных обстоятельств, я одновременно вынужден был вести несколько различных жизней и встречаться с людьми, резко отличавшимися друг от друга во всем, начиная с языков, на которых они говорили, и кончая непроходимой разницей в том, что составляло смысл их существования; с одной стороны, это были мои ночные клиенты и клиентки, с другой — те, кого Платон, несомненно, причислил бы к приличным людям. Иногда — это происходило чаще всего после того, как я слушал музыку, — у меня, как прежде, в далекие российские времена, все смешивалось в моем представлении и в беззвучном пространстве, наполнявшем мое воображение, сквозь немые мотивы и длинную галерею человеческих лиц, похожую на двигающиеся и исчезающие лица бесконечно струящегося экрана, в котором появлялись и пропадали то высохшая и сморщенная физиономия старухи на инвалидной тележке, то наполовину мертвое лицо Ральди с нежными глазами, то спокойно-печальное выражение Платона, то пьяная уродливость субботних посетителей кафе, то эта непрозрачная пленка под густыми и длинными, коричнево-черными ресницами проституток, то, наконец, красновато-лоснящийся облик Федорченко, с которым судьба меня сводила чаще, чем я этого хотел бы, и заставила меня быть свидетелем всей истории его жизни, недолгой и, в сущности, исключительно жестокой.

После того как я отвез его к невесте, я встретил его через месяц. Потому что у него никогда не было друзей и оттого что он испытывал потребность рассказать кому-нибудь о своих чувствах и мыслях, он пригласил меня в кафе, заказал кофе и, без того чтобы я задал ему какой-нибудь вопрос, стал рассказывать о своей любви. В это время он переживал самый бурный период своего романа. Он не умел рассказывать о своих чувствах, и, несмотря на несомненную искренность всего, что он говорил, это звучало почти фальшиво. Я заметил, что это происходило оттого, что он употреблял все время одни и те же жалко-торжественные выражения — «я люблю, и я любим», «мое сердце бьется в груди, как птица» и так далее. Он произносил все эти фразы вдобавок со своим обычным украинским акцентом и время от времени переходил на ломаный французский язык, особенно если передавал разговоры с невестой. И все же, несмотря на это, в том, что он говорил, была какая-то, отнюдь не смешная, беззащитность. Было очевидно, что, если бы женщина, которую он описывал в очень преувеличенных тонах, захотела бы его обмануть, ей это было бы нетрудно сделать. Степень его влюбленности можно было предполагать и тогда, когда он решился украсть для нее кота; но теперь это становилось совершенно очевидно. В этом не было ничего возвышенного, за исключением выражений, которые он употреблял; но было несомненно, что страсть охватила его сильнее, чем можно было думать. Я считал его не способным на это; это была моя первая ошибка по отношению к нему; во второй своей ошибке я убедился значительно позже, несколько лет спустя, в тот день, когда стал свидетелем его неожиданного и необыкновенного конца.

Он познакомился со своей невестой два месяца тому назад, в кафе; она произвела на него такое сильное впечатление, что он весь вечер чувствовал себя нехорошо — что казалось особенно удивительным при его несокрушимом здоровье, — и вокруг себя слышал точно отдаленный звон, как он сказал, и все плыло перед ним, как в тумане. Он много говорил — он сам не понимал, что именно, — потом проводил ее домой и условился с ней о свидании через три дня. Утром, начав работать на своей машине, в мастерской, где он служил, он вдруг увидел перед собой ее черные глаза, засмотрелся и сильно поранил себе руку. Свидание было назначено в Булонском лесу. Был декабрь, дул холодный ветер; он гулял с ней два часа, по твердому окаменевшему песку пустынных аллей, среди обнаженных и черных деревьев, вдоль леденеющих берегов озер, пока наконец она не пожаловалась, что ей холодно, — и тогда он повел ее в кинематограф на Елисейских Полях, где они видели фильм, который он плохо помнил, так как все время держал ее руку. Выйдя оттуда, они сначала пошли в кафе, затем в гостиницу. Он плохо видел все, что происходило, он говорил только, что ее глаза в эти минуты были еще чернее и необыкновеннее, чем всегда.

Я слушал его рассказ и время от времени взглядывал на него. Иногда, когда он делал короткие паузы — ему все было жарко, он пил третий или четвертый стакан пива, — в его собственных, маленьких и всегда казавшихся чуть-чуть опухшими, глазах было особенное, тревожно-туманное выражение, которого я до сих пор никогда не замечал, точно с ним случилось что-то, к чему он совершенно не был подготовлен и против чего не было никаких средств защиты. Потом он вдруг сказал, с простодушной откровенностью, что эта женщина жила на средства двух или трех довольно богатых и пожилых покровителей, но что теперь, после того как она стала его невестой, с этим покончено, — и вот, совсем недавно, она поступила горничной; в ближайшее время, тотчас же после свадьбы, они поселятся вместе; у нее есть немного денег, он будет работать, она будет заниматься хозяйством, и тогда начнется новая жизнь. Он сказал, что готов принести в жертву, как он выразился, этой любви все, что до сих пор казалось ему важным в его жизни: своих друзей, свою семью, свою родину. Самое страшное было, однако, то, что ни о какой жертве не могло быть речи, так как друзей у него не было, о своей семье он давно забыл, а слово «родина» я впервые услышал от него только теперь; он никогда о ней не говорил и, я полагаю, не думал. Но даже и ему, как оказалось, было нужно это праздное представление о жертве, по-видимому, чтобы бессознательно подчеркнуть всю значительность того, что теперь происходило.

Я чувствовал все время стеснение, слушая его рассказ, в котором точно не хватало воздуха; я испытывал неловкость за Федорченко, точно я в чем-то был ответственен за него, за это его физическое томление, о котором я не мог думать без невольного отвращения. Горели белые круглые лампы над головой, струился бледно-серый дым от папирос. Я закрыл на секунду глаза и вдруг увидел берег моря в летний день, дрожащий, горячий воздух над галькой и огромное солнце на голубом небе.

Федорченко долго жал мне руку. Вспотевшее лицо его лоснилось от удовольствия, он искренне благодарил меня — он сам не знал, собственно, за что. Он сказал — за то, что вы все так хорошо понимаете, хотя я не произнес ни слова за все время. Он энергично протестовал, когда я хотел расплатиться, позвал гарсона, шутил с ним, дал ему необыкновенно щедро на чай и ушел особенно легкой, несвойственной ему походкой, сделав мне в воздухе несколько порхающих движений рукой, что тоже совершенно не вязалось с обычной тяжеловатой крестьянской медлительностью. Он вышел из кафе так, как он никогда не выходил, — походкой балетного танцора, с оперной и неестественной легкостью, на которую я не мог не обратить внимания.

И через два часа после этого свидания, поужинав дома и покинув с сожалением мою комнату, мой стол и диван, я снова сидел за рулем своей машины и медленно ехал по городу, оставив на несколько вечерних и ночных часов то, в чем я обычно жил, — воспоминания, мысли, мечты, любимые книги, последние впечатления вчерашнего дня, последний разговор о том, что мне в тот период жизни казалось самым важным. Я знал по долгому опыту, что работать с какой-нибудь пользой можно было, только забыв обо всем этом и превратившись в профессионального шофера. Я давно привык к этому ежедневному актерскому усилию и, я думаю, только ему был обязан тем, что, несмотря на годы шоферского ремесла, еще сохранил какой-то, чуть заметно слабеющий, интерес к тому, что, в сущности, было незаконным и ненормальным нарушением моих чисто профессиональных интересов. В первое время я еще пытался брать с собой книги для чтения, но потом решительно отказался от этого; они слишком мешали мне, создавая недопустимую двойственность бытия, совершенно неприемлемую в этих условиях. Я забывал об этом обязательном превращении только тогда, когда терял самообладание, но это случалось чрезвычайно редко. Иногда, если я бывал в хорошем настроении, мне начинало даже казаться, что все, в сущности, не так печально и что несколько часов ночной работы, которые мне дают возможность каким-то образом существовать, отнимают у меня меньше времени, чем отняла бы любая служба. Тогда я был готов простить моим пассажирам все, что вызывало во мне в обычное время отвращение или презрение.

В тот вечер, я помню, моим первым клиентом был старенький аббат с очень морщинистым лицом и маленькими глазками. Я увидел его издалека и сначала принял за акушерку, потому что он держал в руках небольшой чемоданчик, точно похожий на те, какие носят акушерки; ветер раздувал его широкую рясу, он придерживал ее одной рукой, как это сделала бы женщина. Только подъехав ближе, я убедился в своей ошибке. Он ехал на вокзал d'Orsay. Там он вылез, расплатился и дал мне пятьдесят сантимов на чай. Я не мог не улыбнуться и сказал:

— Итак, отец мой, церковь, стало быть, напрасно учила вас

117

щедрости? Представьте себе, что на вашем месте был бы, например, святой Франциск. Думаете ли вы, что он дал бы мне только пятьдесят сантимов?

Старик улыбнулся и покачал головой, но ответил немедленно, точно эта реплика давно была приготовлена им:

— Нет, сын мой, нет. Если бы святому Франциску нужно было бы на вокзал, он не брал бы такси, он пошел бы пешком.

— Вы правы, отец мой, — сказал я, не удерживая смеха, — мне остается только пожелать вам счастливого путешествия.

Я часто потом вспоминал старика-аббата не потому, что его ответ свидетельствовал о находчивости, а оттого, что он весь был чрезвычайно характерен, с его маленькими глазами и мелкими старушечьими морщинами, он точно сошел с резной гравюры, сохранив каким-то чудом одновременно и ее неподвижность, и ее особенную деревянную ласковость, которая так редка у обыкновенных и живых людей. Он появился на очень короткое время и исчез, но его появление сразу вызвало во мне множество почти забытых представлений о давно прошедших временах; тех самых представлений, которые я так любил и которым ничто или почти ничто не соответствовало во множестве свирепых или печальных вещей, среди которых протекала моя жизнь. Я сохранил иное, тягостное и отвратительно-смешное воспоминание о другом аббате, который по странной случайности попался мне несколько дней спустя. Ему могло быть сорок — сорок пять лет, он сел в автомобиль и сказал — поезжайте прямо, — потом обратился ко мне и спросил своим профессионально-задушевным голосом, не знаю ли я некоторых улиц Парижа, где у него могла бы быть встреча?

— Встреча? — спросил я. — Какого рода встреча, отец мой? — Он был явно смущен тем, что я невольно подчеркивал его сан, называя его «отец мой», и потом, с видимым усилием над собой, объяснил, что он имеет в виду встречу с женщиной. Я продолжал делать вид, что не понимаю.

— Объяснитесь, отец мой, — сказал я, — я боюсь вас неправильно понять.

Он сконфуженно молчал, ему было жарко, он снял свою черную шляпу и вытер вспотевший лоб.

— Женщину, — пробормотал он в совершенном смущении, — вы знаете, из тех, которые гуляют по улицам. — Я привез его на улицу, которая кольцом окружает площадь Этуаль, и остановил автомобиль против женского силуэта на краю тротуара.

— Не будете ли вы добры, если вы считаете это возможным, спросить мадемуазель, согласна ли она?..

Еще до того, как выйти из автомобиля, я узнал ее. Ее звали Рене-ругательница, я был давно с ней знаком. Несколько дней тому назад она рассказывала мне, что потеряла зонтик, который стоит четыреста франков, я был в дурном настроении тогда и ответил ей, что, по-моему, она вместе с зонтиком не стоит такой суммы.

— Тебе представляется случай заработать на зонтик, — сказал я ей, — с тобой хочет поговорить мой клиент, очень милый аббат.

— Шутишь? — недоверчиво сказала она, потом все же села в автомобиль, и мы поехали в Булонский лес, по аллеям которого кружили около сорока минут; затем аббат поехал на Лионский вокзал и покинул Париж, увозя с собой воспоминание об этой встрече; я не знаю, не пришлось ли ему вспомнить о ней в более грустных обстоятельствах, так как женщина эта была давно больна сифилисом, как большинство ее подруг по ремеслу. Я узнал это случайно, так как она становилась откровенной после того, как, кончив работу, выходила из ночного кафе на Терн, чтобы ехать домой; она всегда была очень навеселе в это время и говорила без умолку. В трезвом состоянии она отличалась на редкость сварливым характером, у нее вечно были всевозможные неприятные истории, драки с другими женщинами, скандалы с клиентами; то она жаловалась полицейскому, что она стала жертвой насилия, и совала равнодушному рыжему гиганту в форме чью-то измятую визитную карточку, уверяя, что именно этот человек ее чуть ли не пытал; в другой раз я видел шумное ее путешествие в комиссариат в сопровождении двух полицейских и худенького пожилого человека, который только что провел с ней несколько часов в номере гостиницы, спешившего за ними дробной походкой и говорившего высоким, надтреснутым голосом, что эта самая тварь обокрала его.

— Четыре тысячи франков, — кричал он, оборачиваясь по сторонам и обращаясь к толпе любопытных, которая на некотором расстоянии следовала за ними, — я небогатый человек, господа, у меня дети, которых я должен кормить!

Денег, конечно, не нашли, так как она успела кому-то передать их.

И вот именно эта женщина однажды сказала мне, что пять минут тому назад рядом с ней арестовали какого-то иностранца, который не говорил по-французски и только повторял все время, обращаясь к полицейским, какое-то слово, что-то вроде «опода». Я повторил про себя два или три раза это слово и вдруг понял, что это, наверное, было — «господа» и что в комиссариат попал мой соотечественник. Я поехал туда, чтобы предложить свои услуги в качестве переводчика и, если можно, выяснить это недоразумение. Но когда я подъехал к комиссариату, то этот человек, бумаги которого оказались в порядке и которого по ошибке приняли за кого-то другого, уже выходил. Я выскочил из автомобиля, подошел к нему — и тотчас его узнал, несмотря на то что не видел его около десяти лет. Я знал его еще по Гражданской войне в России, он служил в той же части, что и я. Его звали Аристарх Александрович Куликов. В те годы он был чиновником военного времени, затем уехал за границу, и я больше его не видал. Мне говорили, что он был шахтером в Болгарии, потом работал на металлургическом заводе, но уже давно о нем не было никаких сведений. Он тоже узнал меня и очень обрадовался. В ближайшем кафе он рассказал мне все, что он делал за эти годы, и из разговора выяснилось, что подлинное его призвание — быть хозяином ресторана; и как раз на днях, по его словам, он собирался открывать ресторан в Биянкуре, рабочем предместье Парижа, в непосредственной близости от заводов Рено. Он усиленно приглашал меня приехать. Я обещал, но все как-то не получалось до тех пор, пока однажды я не встретил его снова, в метро, и поразился его парадному виду, котелку необыкновенной круглости и добротности, черному роскошному пальто и шелковому белому шарфу вокруг шеи.

— Что же ты не приезжаешь? — громко сказал он мне, даже не поздоровавшись. — Вот хочешь, едем со мной сейчас в ресторан, поужинаем.

Я согласился; доро́гой он предупредил меня, что мы с ним будем обедать вдвоем за отдельным столиком, так как весь ресторан сдан на сегодняшний вечер собранию казаков, не то уральских, не то терских, не то донских — я этого так и не выяснил. Был осенний вечер с мелким дождем; мы долго шагали с Аристархом Александровичем по лужам разных размеров, пока не добрались до большого пустыря, на котором стояло полукаменное-полудеревянное здание, похожее на барак и оказавшееся его рестораном. Внутри было тихо, вокруг тоже стояла тишина, рабочие уже спали в это время, и было слышно, как капли дождя стучали по доскам. Мы вошли; в ресторане был занят только один, очень длинный и большой, стол, уставленный множеством бутылок, и за этим столом сидело человек тридцать казаков, все коротко остриженные, все в одинаковых синих костюмах, сшитых, по-видимому, у одного и того же портного, все в белых крахмальных воротничках, резко выделявшихся на красноватых крепких шеях. Они пили красное вино и хором пели песни, из которых мне запомнилась одна, особенно жалобная:

И друг друга мы больше не увидим,
Не придется нам встретиться вновь.

— Пьют они здорово, — почти шепотом сказал мне Аристарх Александрович, — видишь, образ человеческий теряют. А с другой стороны, разве можно за это русских людей обвинять?

Он покачал головой и потом вдруг спросил меня:

— А ты все так же не пьешь, как в России?

— Все так же.

— Это хорошо, — сказал он с внезапным одобрением и похлопал меня по плечу. — Это замечательно, что не пьешь. Не дай бог, начнешь пить — пропадешь.

Мы долго еще сидели с ним и разговаривали. Казаки ушли, мы остались вдвоем. Посередине громадной комнаты тихо гудела печь, дождь все так же стучал по доскам, и, слушая его однообразный шум и забытый звук капель по дереву, я с необыкновенной ясностью вспомнил дождливые вечера в России, влажные, утопающие в брызжущей тьме поля, поезда, далекий, раскачивающийся в черном воздухе фонарь сцепщика, ночной протяжный гудок паровоза. Была глубокая ночь, когда я уходил.

— Денег тебе не надо? — спрашивал Аристарх Александрович. — Ты скажи, дорогуша, не стесняйся. Возьми прямо такси, поезжай домой, не пешком же идти в такую погоду. Тут у нас на стоянке один шофер стоит, русский, он раньше дьяконом был во Владимирской губернии. Я на нем всегда езжу.

Но когда я однажды, почти полгода спустя, случайно попал в Биянкур и хотел зайти в ресторан Аристарха Александровича, то меня постигла непонятная неудача: я не мог его найти. И хотя у меня было впечатление, что я узнавал дорогу и даже добрался до того пустыря, на котором он стоял, — ресторана там не было. И так как бесследное исчезновение целого большого здания представлялось мне невозможным, то я решил, что просто ошибся и забыл место. У меня не было времени, которое я мог бы посвятить длительным поискам Аристарха Александровича, — и я уехал в Париж, надеясь, что в следующий раз буду более удачлив. Мне, однако, не

121

переставало казаться, что ресторан был именно на этом пустыре, который теперь, в начале весны, печально зеленел уже чахлой своей травой и где валялись то там, то сям какие-то бесформенные обломки. Несколько дней спустя во встречном поезде метро я увидел Аристарха Александровича; это продолжалось две-три секунды, но я с удивлением заметил, что на нем был поношенный пиджачок, истрепанная кепка и зеленый шарф вокруг шеи. Аристарх Александрович меня не видел. Но я не мог ошибиться, это был именно он. Еще через два месяца после этого я получил от него открытку, что он приезжает в город и будет в таком-то часу в таком-то кафе и был бы рад меня видеть. Я застал его там — в прекрасном сером костюме, в соломенной шляпе и сверкающих желтых башмаках; он был доволен и говорил, что на дела жаловаться не приходится. Я ему рассказал о чудесном исчезновении ресторана, он посмеялся над тем, как я плохо ориентируюсь, и напомнил, что еще в России меня одного никогда не отправляли на разведку, так как боялись, что я заблужусь. Мне все-таки показалось, что он немного смутился, правда на очень короткое время. И только несколько позже я узнал, чем объяснялось и это сказочное исчезновение ресторана, и эти неожиданные переодевания Аристарха Александровича. Мне рассказали это люди, которые давно и хорошо знали его.

Он был прекрасным хозяином и очень хорошим организатором. Работая на заводе или в шахте, он долгими месяцами копил деньги. Потом, располагая известной суммой личных денег, взяв взаймы у товарищей все, что они могли дать, и пустив в ход свои кредитные возможности, он открывал ресторан и сразу же начинал зарабатывать. Он выплачивал долги, начинал богатеть, покупал дорогие костюмы, жил в хорошей квартире, и все шло в таком благополучии несколько месяцев, иногда почти год, вплоть до того дня, когда, выпив однажды лишнее, он вдруг впадал в неожиданное благотворительное исступление. Стоя посередине своего ресторана, с растрепанными волосами и съехавшим галстуком, он кричал:

— Пей, ребята, ешь, пей в мою голову! Мы же русские, братцы, если мы друг другу не будем помогать, кто нам поможет? Все бесплатно, ребята, помните Аристарха Александровича Куликова, в случае чего, пожалейте!

К нему шли валом знакомые, полузнакомые и вовсе не знакомые люди, и недели две в его ресторане стояли шум и крик с утра до вечера. Друзья его в это время старались унести то, что было можно, — деньги, костюмы и даже посуду, зная,

122

что конец всему близок, и надеясь хоть что-нибудь спасти. Но если кто-нибудь из них попадался Аристарху Александровичу, он приходил в бешенство, кричал, что его обкрадывают, и отбирал уносимую вещь. Потом, в один прекрасный день, все стихало, ресторан закрывался, поставщики не получали денег — и похудевший, изменившийся и притихший Аристарх Александрович исчезал. Он снова поступал на завод, долго и упорно работал, опять выплачивал долги, униженно благодарил тех, кто уносил и сохранял его вещи, — и через некоторое время снова открывал ресторан. И тот факт, что я нашел незастроенный пустырь, объяснялся вовсе не моей неспособностью ориентироваться, а тем, что ресторан, действительно находившийся там и принадлежащий Аристарху Александровичу, был снесен на слом и продан до последней промокшей доски за долги.

* * *

Проходили зимние парижские месяцы, наступала весна, ночи были прохладные, но днем и вечером иногда было тепло. В один из таких вечеров я снова встретил Ральди. Она сидела на террасе своего кафе и, казалось, еще состарилась и одряхлела. Но она была не одна. Рядом с ней, положив одна на другую безукоризненной формы ноги — юбка не покрывала колен, — сидела молодая женщина лет двадцати — двадцати двух. Она была настолько хороша собой, что, когда я ее увидел, мне на секунду стало трудно дышать; особенно замечательны были ее красные, казавшиеся необыкновенно сочными губы, длинные синие глаза и прекрасные зубы — она улыбалась, говоря с Ральди, в ту минуту, когда я ее увидел.

— Вот моя подружка, — сказала Ральди, здороваясь со мной, — скажи мне, как ты ее находишь?

И только тогда, посмотрев внимательно на эту красавицу, я заметил в ее глазах ту же полупрозрачную пленку, тот же налет животной глупости, который я так хорошо знал и который был характерен почти для всех женщин ее ремесла. Но она была настолько прекрасна, буквально прекрасна собой, что нужен был весь мой долгий опыт и весь запас моей заранее готовой к любому разочарованию печали, чтобы заметить эту единственную, почти невидимую подробность ее выражения, этот единственный ее полуфизический-полудушевный недостаток.

— Очень хороша, — сказал я Ральди. Она посмотрела на меня пристально и сказала:

123

— Ты никогда не хотел пойти со мной, в конце концов, это понятно. Но я надеюсь, что ты не откажешься провести время с моей подругой? Ты знаешь, что это тебе ничего не будет стоить.

Я отрицательно покачал головой. — Чем больше я тебя узнаю, тем больше убеждаюсь, что ты просто ненормален, — со вздохом сказала Ральди. — Расскажи мне, как ты живешь, я давно тебя не видела.

Но я смотрел не отрываясь на Алису — ее звали Алисой. Я ее увидел через четверть часа в комнате Ральди совершенно голой — она переодевалась при мне. Я никогда не мог представить себе такого изумительного совершенства. У нее были твердые, далеко отстоящие друг от друга груди, чуть суживающийся и с волшебной незаметностью расширяющийся живот, сверкающая кожа и длинные ноги идеальной формы; через несколько секунд мне стало казаться, что это прекрасное тело начинает струиться и плыть перед моими глазами.

— Постой так, — сказала Ральди, — я хочу, чтоб он как следует видел тебя совсем голую.

Когда я ушел, прошло много минут, пока я вернулся к своему обычному состоянию; я стоял у своей машины, собираясь сесть за руль, и все не садился: я видел перед собой это тело и лицо, эту сверкающую, непостижимую красоту. И долго потом, когда я вспоминал об этом, у меня каждый раз на секунду захватывало дыхание.

— Она настолько хороша, — сказал я Ральди, разговаривая с ней через несколько дней после этого, — что один ее вид стоит состояния.

Ральди улыбнулась — как всегда, полунежно-полунасмешливо — и потом сказала, что без нее, Ральди, Алиса навсегда осталась бы тротуарной женщиной, но что она сделала из нее даму полусвета. Она прибавила, что ей многого не хватало для этой карьеры, и прежде всего ума и понимания.

— Вы думаете? — сказал я. — Мне кажется, что одна ее наружность...

— Красивых женщин очень много, — ответила Ральди, — но только одна из тысячи чего-нибудь достигает, ты никогда не думал об этом? Одной красоты недостаточно. Ты не согласен со мной?

— Да, да, — сказал я. — Мне только немного жаль Алису. Вы полагаете, что стоит тратить весь ваш опыт и все ваше понимание, чтобы сделать из этой красавицы даму полусвета, как вы говорите? Вы считаете, что она не заслуживает лучшего?

— В этом я не сомневаюсь, — ответила Ральди, — я только не уверена, что она заслуживает этого. Но если мне это удастся, она не забудет меня, у меня будет теплая комната и немного денег, чтобы я могла прожить, не работая до конца моих дней. Потому что всем, что у нее будет, она будет обязана мне.

И в этом состояла ошибка Ральди. Она усердно занималась своей протеже, учила ее английскому языку, объясняла ей, как нужно держать вилку и нож, что нужно говорить, как следует отвечать и как себя вести. Она даже позвала меня несколько раз, чтобы я присутствовал на этих уроках, и просила меня объяснить Алисе некоторые вещи, в которых была нетверда сама. По ее просьбе я доставал книги, которые Алиса должна была прочесть: «Liaisons dangereuses»[21], Боккаччо, Флобера. Я пожимал плечами и послушно соглашался — я не мог почти ни в чем отказать этой старой и удивительной женщине, хотя все это мне казалось и лишним, и в какой-то степени неблаговидным с моей стороны.

— Вы заставляете меня играть совершенно несвойственную мне роль, — говорил я Ральди, — я, в сущности, не знаю, зачем я все это делаю.

— Ты это делаешь, — спокойно сказала она мне, — потому что тебе меня жаль, это очень просто, мой милый. Вы даете ей Флобера, она едва умеет читать, что она может понять в этом? Она не поймет, но будет знать, это очень полезно.

Я выразил предположение, что, как только Алиса достигнет каких-нибудь материальных успехов, она бросит Ральди и Ральди опять останется одна.

— Возможно, — сказала старуха, — и это было бы, конечно, грустно. Это будет значить, что она не поняла самого главного, потому что без моих советов она никогда не сделает карьеры. Она должна это знать.

Алиса продолжала «работать», но не очень много, только чтобы как-нибудь обеспечить себе и Ральди комнату и пропитание. Ральди при мне объяснила ей, как нужно будет себя вести потом, когда она будет иметь дело не с обыкновенными уличными клиентами, а с теми, которыми начнется ее карьера дамы полусвета. — Никогда не иди в гостиницу в первый же день знакомства, — говорила Ральди. — Не говори «нет». Говори — да, мой милый, — и поступай потом, как найдешь нужным. Но непременно говори: да, мой милый.

Мы сидели с Алисой и слушали ее наставления; она держала какую-то книгу на коленях, на носу ее были очки, и она была похожа на старую добрую учительницу из маленького провинциального города: три тысячи населения, церковь,

---

[21] «Опасные связи» (фр.).

кюре, мэрия, лес в двух километрах, приземистые дубы, под которыми трюфели, осенью грибы и дожди, в центре города витрина фотографа, где выставлены голые маленькие дети на бархатных диванах и застывшие, деревянные новобрачные в непривычно парадных костюмах. — Никогда не раздевайся сама. — Потом следовали подробности и настолько бесстыдные объяснения, что мне становилось неловко; но Алиса слушала Ральди, прямо глядя на нее своими спокойными прекрасными глазами, сквозь полупрозрачную пленку на зрачках.

И в один прекрасный день она исчезла — ушла и не вернулась. Я узнал об этом только месяц спустя, так как мне все как-то не приходилось попадать в этот район. Помню летний вечер под мелким дождем и согнувшуюся фигуру Ральди, которая стояла под навесом кафе. Она невесело улыбнулась, увидя меня. Мы пили с ней кофе, ей было холодно, она куталась в дрянное мужское пальто. Она сказала мне, что Алиса ушла ровно четыре недели тому назад. Я не знал, что можно было бы сказать ей в утешение, и молчал некоторое время; на террасе становилось действительно прохладно, мелкий дождь прыгал и струился перед моими глазами. Наконец я сказал:

— В вашей жизни было столько превратностей. Одной больше, одной меньше...

— Нет, нет, — ответила она. — Это последняя. У меня больше ничего нет.

И на ее глазах опять появились слезы. Все это было так же непоправимо, как многое, что я видел в своей жизни, как эта свинцовая непрозрачность глаз у умирающих, как мое последнее свидание с князем Нербатовым, пронесшим сквозь всю жизнь свою рыдающую и неутолимую любовь к этой самой Ральди, этой старой женщине в мужском потертом пальто, которая сидела против меня перед своим остывшим кофе.

— Все можно перенести, — сказала она, не глядя на меня и опустив голову, — а потом, когда сил больше нет, ничего уже не переносишь. Тогда остается околевать. В конце концов, то, что она сделала, естественно.

Я спросил Ральди, неужели среди всех ее многочисленных покровителей не осталось в живых никого, кто мог бы ей платить какую-нибудь незначительную сумму денег, которая бы позволила ей существовать. Она отрицательно покачала головой и тотчас назвала несколько очень известных политических имен. — Они все как Алиса, — сказала она. Я вспомнил эти имена и то, что карьера каждого из этих людей состояла из многочисленных политических измен, ренегатства, угодливости и воровства, и понял, почему Ральди не на кого рассчитывать. И я вспомнил, как она говорила мне:

— Если бы я когда-нибудь написала свои мемуары, люди узнали бы много интересных вещей и поняли бы всю неправильность многих оценок.

Но она не могла писать, ее ревматические пальцы плохо повиновались ей.

Я знал, что рано или поздно я встречу Алису: ночной Париж, Париж кабаре, кафе и домов свиданий не так велик, как обычно думают, и каждую ночь в этом печальном пространстве я проезжал, из одних мест в другие, около сотни километров. Но я увидел ее случайно, в один из вечеров, когда я не работал, через витрину большого кафе на бульварах; на ней были прекрасный костюм и шляпа, тяжелое сверкающее ожерелье на шее; чернобурая лисица небрежно висела на ее плече. Мне казалось, что все сидевшие в кафе смотрели на нее, женщины с ненавистью, мужчины с сожалением и завистью. Я направился к ее столику.

— Здравствуй, — сказала она, протягивая мне руку в перчатке, — выпей что-нибудь со мной. — И через секунду, понизив голос, она спросила:

— Я тебе нравлюсь в таком виде?

— Я предпочитаю тебя голой, — громко сказал я. Два или три человека обернулись.

— Ты с ума сошел? — зашептала она.

Но у меня был припадок бешенства, — таких за всю мою жизнь было два или три. И я, слушая себя со стороны, заметил, что говорю с ней на том уличном французском языке, который в обычное время вызывал у меня только насмешку.

— Пива, — сказал я гарсону. — Ты просто стерва, Алиса, понимаешь, стерва, ты слышишь, стерва.

У нее в глазах промелькнул испуг: я говорил с ней, наклонившись над столиком и вплотную приблизившись к ее прекрасному, незабываемому лицу.

— Если ты пришел, чтобы крыть меня последними словами...

Оркестр в кафе — скрипка, виолончель, рояль — играл давно знакомый ласковый мотив, названия которого я не знал, но который я слышал много раз в разных странах, в разных обстоятельствах и в разном исполнении. И всегда, когда вновь эти звуки доходили до моего слуха, всякий раз за этот промежуток времени проходило много событий и несчастий, и каждый раз это было точно музыкальным сопоставлением, результаты которого были заранее известны — и их смысл

127

резко противоречил этой безупречной и непогрешимой в своей ласковости мелодии. Было несколько редких секунд в моей жизни, когда я испытывал почти физическое ощущение, которое я не мог сравнить или смешать с другим и которое я не мог бы назвать иначе, как ощущением уходящего — сейчас, сию минуту уходящего — времени. Так было и в вечер моего свидания с Алисой; я слушал эту музыку и, не отрываясь, смотрел в ее лицо и чувствовал, как мне казалось, сквозь эту мелодию медленный далекий шум, и все роилось и текло перед моими глазами. Мне надо было сделать усилие, чтобы вернуться к своему нормальному состоянию; и тогда я вдруг почувствовал усталость. Я поднял голову и сказал:

— Ты ожидала, что я буду говорить тебе комплименты?

Алиса сразу услышала по моему тону, что опасность, которой она, по-видимому, боялась, миновала. Она положила свою руку на мою и заговорила обычным голосом, в котором я всегда находил что-то липкое и мягкое. Она пыталась оправдываться; она сказала, что хочет жить своей собственной жизнью, что не желает зависеть от Ральди, что она кормила старуху много месяцев и ничем ей, в сущности, не обязана.

— Я тебе сказал, что ты стерва, — сказал я ей, уже почти не чувствуя раздражения. — Но, кроме всего, то, что ты делаешь, просто глупо. Ты думаешь, что без Ральди ты чего-нибудь достигнешь?

— Ты за меня не беспокойся.

— Мне твоя судьба безразлична. Но ты навсегда останешься тем, что ты есть, то есть просто... — Я сказал слово, которое точно выражало то, что я думал. — На каких клиентов ты можешь рассчитывать? На мелких коммерсантов с брюшком, которые будут считать каждые сто франков?

— В это кафе может прийти кто угодно.

— Да, но если это будет какой-нибудь замечательный человек, ты можешь его соблазнить, но ты его не сумеешь удержать. Ты знаешь жизнь Ральди?

— Да. Она, наверное, была красивее меня.

— Нет, быть красивее тебя невозможно, — сказал я, не удержавшись.

— Ах, ты это понимаешь?

Я пожал плечами. Оказалось, что мой отказ тогда, когда Ральди мне предложила это, смутил Алису и она не могла этого забыть. Она считала даже, что это было плохим предзнаменованием для ее начинающейся карьеры: если я не захотел, то могли быть и другие.

Я еще долго говорил с ней, но мне не удалось убедить ее в

необходимости вернуться к Ральди или, во всяком случае, помочь ей. Было четверть двенадцатого, когда я расстался с ней; я не хотел пропустить ночной сеанс кинематографа, начинавшийся через пятнадцать минут.

— До свиданья, — сказал я ей. — Когда ты будешь околевать на больничной койке, позови меня. Я приду и повторю тебе последний раз, что ты действовала как стерва и дура.

И, уходя, я представил себе небритое лицо Платона, и хмурые его глаза, и то, как он сказал бы мне:

— Один из аспектов общеэтической проблемы...

Но я не говорил с ним об Алисе, и в тот раз, когда я снова встретил его, речь шла о совсем других и вовсе неожиданных для меня вещах.

В этом ночном Париже я чувствовал себя путешественником, попавшим в чуждую ему стихию; и во всем громадном городе было два или три места, как освещенные островки в темном пространстве, куда я приезжал каждую ночь, примерно в одни и те же часы; и, входя в свое кафе, я казался самому себе похожим на гребца небольшой лодки, которая после долгой качки на волнах причалила наконец к маленькой пристани, — и вот я выхожу из нее и вместо моря и портового кабачка вижу освещенный тротуар, и запотевшие стекла кафе против заснувшего вокзала, и колеса моего автомобиля, затянутые тормозами.

— Здравствуйте, месье, — говорила мне хозяйка. — Молока?

И всегда на одном и том же месте в светло-сером, очень запачканном плаще — зимой и летом — у правого края стойки, недалеко от кассы, стоял Платон, перед вечным стаканом белого вина. Он приветствовал меня с неизменной любезностью, но без какой бы то ни было экспансивности, которая вообще была чужда его меланхолическому и спокойному характеру; только он не всякий раз узнавал меня, хотя мы встречались с ним каждую ночь в течение нескольких лет подряд; это зависело от того, сколько он выпил. Он вообще в последнее время мало и неохотно разговаривал; и, стоя в людном кафе, за своим стаканом, он не замечал ничего окружающего — в своем почти безвозвратном пьяном забытьи. Хозяйка мне с удивлением рассказывала о нем, что, когда однажды в кафе происходил шумный арест одного сутенера и убийцы, бежавшего с каторги и вернувшегося именно туда, где все его знали и куда ему ни в коем случае нельзя было возвращаться, — но своеобразное тщеславие и провинциальная глупость, характерные для людей его круга, побудили его совершить этот бессмысленный поступок, чтобы предстать во всем своем сутенерском великолепии (светло-серая кепка, двухцветные ботинки на высоком каблуке) перед несколькими испуганными проститутками и почтительными товарищами, — в тот вечер была стрельба и свалка, и потом полицейские уволокли со свирепой торопливостью этого человека, — лицо его было окровавлено, кепка потеряна, костюм залит кровью, — Платон, находившийся тут же, молча смотрел на все это неподвижными глазами и даже не шевельнулся.

Я предпочитал дни, когда у него было очень мало денег, на два или три стакана вина; тогда он был почти совершенно трезв и с ним можно было говорить. Я любил в нем полную бескорыстность его суждений и то, что его собственная судьба и вообще вещи непосредственные оставляли его совершенно равнодушным. Он оживлялся только тогда, когда речь шла либо о новых, безразличных для него людях, либо об абстрактных вопросах. Он, впрочем, далеко не всегда был одинакового мнения об одном и том же; он объяснял это тем, что суждения человека о каком-либо предмете тесно связаны с множеством физиологических и психологических факторов, совокупность которых чрезвычайно трудно учесть и уж вовсе невозможно предвидеть — за исключением тех случаев, когда обсуждаемый вопрос, по своей примитивности, может быть сравнен с вопросом материального порядка, — но даже и здесь царствовал, по его словам, закон относительности. Людей он, впрочем, так же низко расценивал, как Ральди, всех решительно, причем ни чины, ни положение, ни репутация человека не играли в его глазах никакой роли; и я рад был однажды услышать от него, что в его представлении средний преступник, имеющий в своем прошлом два или три уголовных дела, не очень отличается от среднего депутата или министра и в сфере бескорыстного суждения, как он говорил, — в своеобразной его социальной иерархии, — они стоят на одном и том же уровне; — и я был рад это услышать, так как разделял совершенно этот взгляд.

Я увидел Платона на следующую ночь после свидания с Алисой — и, войдя в кафе, сразу заметил, что у него мало денег, так как он был почти трезв. Я предложил ему стакан белого вина, и по тому, с какой быстротой он согласился, было видно, что он долго стоял в кафе, не имея возможности заплатить еще полтора франка, которых у него не было. Он отпил немного вина и затем сказал между прочим:

— Вы знаете, у нас новость: Сюзанна выходит замуж.

— Сюзанна с золотым зубом?

— Сюзанна с золотым зубом.

И он повторил несколько раз, глядя прямо перед собой в дымное пространство:

— Сюзанна с золотым зубом, Сюзанна с золотым зубом, Сюзанна с золотым зубом выходит замуж, с золотым зубом, Сюзанна.

Потом он сказал эту же фразу, тоже скороговоркой, по-английски и замолчал на некоторое время. Я высказал удивление по поводу того, что такая женщина, как Сюзанна, для которой юридические формальности в этого рода вещах всегда казались совершенно лишними, считает нужным выходить замуж.

— Вы себе представляете, — сказал я Платону, — белую фату вокруг этого девственного лица с золотым передним зубом?

Платон смотрел в это время прищуренным глазом на свой стакан с вином. Потом он коротко ответил:

— Представляю. Не забывайте, что эти люди глубоко буржуазны по своей натуре. Они неудачники в буржуазности, я с этим согласен, но они чрезвычайно буржуазны. Вспомните ваших убийц, открывших гастрономическую торговлю чуть ли не на следующий день после преступления. Можно совершить убийство не только из мести или для того, чтобы уничтожить тирана и чем-то помочь — заплатив собственной жизнью — достижению общечеловеческого идеала или более рациональной системы распределения богатства. Можно убить ради другого идеала — гастрономической торговли, или мясной, или кафе.

— И на этом основании Сюзанна, которая провела много часов в гостиницах и прошла через несколько тысяч человек, — эта самая Сюзанна выходит замуж. Согласитесь, мой дорогой друг, что если это так, то все ваши этические представления, о которых вы так любите говорить...

Но в это время до нас донесся голос Сюзанны, которая только что вошла в кафе. Она была очень навеселе и громко отвечала человеку, который вошел вслед за ней:

— Я тебе сказала, что я сегодня не работаю!

Платон все так же, прищурив глаза, смотрел перед собой.

— Вот наша невеста во всей ее славе, — сказал он. Между Сюзанной и худощавым человеком лет тридцати, довольно бедно одетым, который вошел за ней в кафе, происходило нечто вроде борьбы. Сюзанна вырывалась от него, поток ее ругательств не останавливался; он же, напротив, вполголоса ее о чем-то уговаривал, не выпуская рукава ее пальто.

— Я сказала «нет», — сказала она наконец, глядя ему в лицо неподвижными пьяными глазами. И только в эту минуту он, по-видимому, понял, что отказ ее был категорический. Тогда он быстро, неожиданно высоким голосом крикнул ей вдруг — стерва! — и спешно вышел из кафе.

— Вот еще, — сказала Сюзанна, тяжело дыша и остановившись у стойки. — Вот еще!.. Если женщина не хочет работать черт знает как, то ее называют стервой! Разве это справедливо? — сказала она с пьяной угрозой в голосе. Глаза ее искали лица, на котором она могла бы остановиться. Она посмотрела сначала на Платона, но его выражение было настолько мертвенно-безразличным и далеким, что ее глаза только скользнули по нему — и потом остановились на мне.

— А, это ты? — сказала она своим медленным и пьяным голосом. — Вкусное сегодня молоко?

Я не ответил, она отвернулась. Пальто ее было распахнуто, узкое платье обтягивало ее невысокую фигуру, и я, в первый раз за все время, заметил, вздрогнув от невольного отвращения, что в ней была какая-то животно-женственная прелесть.

— Вы все... — сказала Сюзанна. — Я больше не б..., я выхожу замуж. Я, может, выпила стаканчик...

— Ты плохо считала, — сказал чей-то мужской голос с другого конца стойки, — ты, может, выпила два или больше.

— Вы помните, Платон, — сказал я, — какие слова приписывал Сократу ваш блистательный предшественник? «Вся жизнь философа есть длительная подготовка к смерти...» Я не могу удержаться от одного и того же неизменного представления: кровать, простыни, умирание, дурной запах агонизирующего человека и полная невозможность сделать так, чтобы это было иначе.

— Сократ говорил не об этом, — сказал Платон. — Если вы не забыли «Федона»...

— И у меня будет магазин, — говорил пьяный голос Сюзанны. — И потом, я люблю этого человека, я без него жить не могу.

Она ни к кому не обращалась в частности и говорила в дымное пространство, в котором терялись и глохли ее слова о любви. Я подумал о Ральди, которая говорила мне, что женщины типа Сюзанны так же любят, как другие; но это унизительное уравнение я всегда понимал только теоретически, я никогда не мог почувствовать и поверить до конца, что это так.

Платон перевел разговор на другую тему, точно ему было

неприятно думать о Сюзанне именно теперь. Только несколько часов спустя — когда я еще раз, по пути домой, заехал в это кафе, было уже утро, все ушли, он один неподвижно стоял у стойки, рядом с хозяйкой, которая время от времени опускала голову на грудь и засыпала на минуту легким старческим сном и, мгновенно пробуждаясь, зевала и быстро бормотала: — Ах, Боже мой, — он мне рассказал, что Сюзанна выходит замуж за иностранца, русского казака. Через несколько дней она сообщила мне об этом сама, на рассвете осенней холодной ночи, в шестом часу утра, когда я увидел ее одну, за столиком в кафе. Лицо у нее было утомленное, под глазами были синие круги. — У тебя усталый вид, — сказал я, проходя мимо нее, — тебе надо отдохнуть. — Она кивнула головой и заговорила со мной; я стоял, не присаживаясь, возле ее столика. — Это правда, что ты выходишь замуж? — Да, правда. — Она сказала, что ей двадцать три года, что у ее матери в этом возрасте было уже четверо детей, что она хочет жить, как все остальные; но что сейчас она занята больше, чем обычно, так как через две недели свадьба. Жених ее не знал, как она работает; ею руководило желание принести в дом, как она говорила, возможно больше денег, поэтому она не щадила сил, и в те дни, когда она не встречалась с женихом, она выходила на улицу в четыре часа дня и возвращалась домой в пятом часу утра — этим и объяснялся ее крайне усталый вид, поразивший меня. Потом она описала мне своего жениха и показала его карточку, которую она носила в сумке, — и эта сумка была всегда с ней, во всех комнатах, куда она поднималась с клиентами; и от соприкосновения с кредитными билетами, которыми ей платили, фотография постепенно тускнела и серела. На ней был изображен молодой сияющий человек, и выражение его лица, благодаря какой-то особенной игре ретуши, имело веселое и вместе с тем деревянно-благородное выражение.

— Вот оно что! — сказал я, не удержавшись: я узнал Федорченко.

— Ты его знаешь? — спросила Сюзанна. — Ты ему ничего не расскажешь обо мне? Потому что он не знает, понимаешь?

— Он думает, что ты девственница?

— Нет, но ты понимаешь, не надо ему говорить.

— Хорошо, обещаю. И если я вас встречу вместе, — ты со мной не знакома, условлено, — сказал я.

Свадьбе предшествовали усиленное лечение — так как Сюзанна незадолго до этого заразилась от какого-то мерзавца, как она говорила, — приготовления, письма родным, и в торжественный день, за длинным столом, в одном из наемных салонов небогатого квартала, где она сняла квартиру, сидели ее родственники, приехавшие за сотни километров из деревни и привезшие с собой воскресные костюмы и обветренные крестьянские неподвижные лица. У Федорченко не было ни родственников, ни близких друзей, но он пригласил одного пожилого и очень благовидного русского, по фамилии Васильев. После нескольких стаканов вина он, не теряя приличия и лишь изредка порывисто вздрагивая от особенной, беззвучной икоты, начинал рассказывать тихим конфиденциальным голосом, что большевики давно подсылали ему эмиссаров, именно эмиссаров, — так что со стороны получалось впечатление, что к нему время от времени приезжает почтительная делегация людей в мундирах особенного, эмиссарского покроя, но что он непоколебим. Он объяснял это с одинаковой легкостью по-русски или по-французски, нюхал, с видом знатока, дрянное вино и сохранял во всех обстоятельствах благородный и скромно-значительный вид. Этому вздорному человеку, с начинавшимся уже в те времена медленным безумием, предстояло сыграть в жизни Федорченко очень значительную роль.

Кроме Васильева, со стороны жениха на свадьбе не было никого; Сюзанна сразу же объяснила своим родственникам, что ее муж иностранец, что семья его осталась на родине, что он решил создать новую семью здесь, в Париже. Впрочем, все эти подробности потеряли всякое значение после того, как было выпито много вина и Федорченко начал целоваться с присутствующими. Еще через час началось пение, Федорченко взобрался на стул и стал дирижировать, Сюзанна кричала пронзительным голосом, — и среди всего этого шума только один Васильев, смертельно пьяный, сохранял свой торжественно-приличный вид; но и он уже был в таком состоянии, что не мог произнести ни одной связной фразы, хотя и пытался рассказывать очень тихим голосом все о тех же эмиссарах. Я невольно присутствовал на этом банкете, потому что, проезжая ночью по улице, увидал несколько такси, ожидающих у освещенного подъезда выхода приглашенных. Я стал в очередь, не зная, что это за приглашенные, товарищи мне сказали, что это свадьба, и я, вместе с одним из них, поднялся наверх посмотреть, много ли было народу. Остановившись у входной двери, я увидел Сюзанну, возле которой одновременно с двух сторон вилась настоящая белая фата, Федорченко в смокинге, взятом напрокат у еврейского портного на rue du Temple, — у смокинга были короткие рукава и до удивительности узкие лацканы, — и родственников

Сюзанны, которые были похожи на внезапно, в силу алкогольного чуда, оживших резных, из дерева, крестьян, одетых в городское платье. Федорченко дошел до того, что кричал Васильеву по-русски:

— Держись, матрос, держись! — и бледный и пьяный Васильев с достоинством утвердительно кивал головой. Сюзанна не переставала смеяться и визжать, они с Федорченко многократно целовались, отчего по всему ее лицу размазался кармин, которым в начале вечера были густо смазаны ее губы. — Вот это свадьба! — одобрительно сказал шофер, вместе с которым мы смотрели на банкет. Уже под утро банкет кончился, приглашенных развезли по домам — и со следующего дня для Федорченко началась новая жизнь.

Они поселились с Сюзанной в одном из новых домов, в только что отстроенном квартале Парижа; здание было сделано из звонкого железобетона, который пропускал все звуки со всех сторон, в нем был лифт, поднимавшийся наверх упорными толчками, стеклянные тюльпаны вокруг электрических ламп и ванные комнаты до смешного маленьких размеров. На деньги, которые были у Федорченко и Сюзанны, они открыли небольшую мастерскую для краски и чистки всевозможных материй. На вывеске было написано золотыми лепными буквами одинакового размера «СЮЗИ», с росчерком, который шел от конца слова к началу ровной деревянной чертой. Сюзанна принимала заказы, Федорченко развозил платья и другие вещи клиентам. Он говорил теперь о дороговизне материалов, о стоимости краски, о трудностях работы, о том, что он, в качестве коммерсанта этого квартала, должен поддерживать известные цены. Он говорил еще о том, как ему было трудно выбиться в люди; и те часы, которые он купил еще в первый год своего пребывания во Франции и которые тогда заводил только по воскресеньям, он стал заводить каждый день. С той же удивительной приспособляемостью, которая была в нем, когда он, работая по десять часов в день на заводе, считал, что очень неплохо живет, — он вошел в свою новую роль; он завел себе удочки, ходил с ними на Сену, ездил каждое воскресенье за город вместе с быстро полневшей Сюзанной — и превратился бы бесследно и безвозвратно в среднего французского коммерсанта, если бы этому не помешали неожиданные причины, которые возникли много лет тому назад, с тех пор были давно забыты и, казалось бы, потеряли какую бы то ни было силу.

Я видел Федорченко неоднократно в этот период его жизни; я встретил его однажды, в субботу, под вечер возле

Porte d'Auteuil; он шел с Сюзанной, и каждый из них нес на плече стул. Провожаемые удивленными взглядами прохожих, они шагали безмолвно, не замечая, казалось, ничего вокруг себя; был неподвижный и довольно жаркий летний вечер, солнце уже начинало садиться. Поздоровавшись с ними, я спросил Федорченко, зачем он несет стул, не переезжает ли он на другую квартиру. Он ответил, что нет, он просто идет подышать свежим воздухом в Булонский лес. — А стулья зачем? — Он похлопал меня по плечу и снисходительно объяснил, сказав, приблизительно, что я не умею жить, что стулья для того, чтобы сидеть в лесу, так как, если сесть на стул, который там сдается, то надо платить 35 сантимов. Сюзанна, которая после замужества стала мне говорить «вы» и разговаривать со мной как с малознакомым человеком, но, впрочем, довольно вежливо, улыбнувшись и сверкнув золотым зубом, подтвердила, что это идея ее мужа и что она ее находит очень хорошей. Попрощавшись с ними, я долго смотрел им вслед; они уходили по прямой улице, все удаляясь от меня, и над их головами темнели в воздухе слегка изогнутые ножки стульев, и на большом расстоянии их можно было принять за двух невысоких рогатых животных неизвестной породы.

Сюзанна, выйдя замуж, должна была отказаться от всех своих прежних знакомств; у Федорченко друзей вообще никогда не было, и поэтому они прожили некоторое время вдвоем, до того, пока у них не стал бывать Васильев, которого Федорченко как-то пригласил и который после первого же визита сделался у них своим человеком. Он поселился недалеко от них, сняв себе маленькую комнату в гостинице, и бывал у Федорченко ежедневно; он являлся неизменно с двумя бутылками вина, которые они выпивали втроем за ужином, и долгими вечерами развивал перед Федорченко и Сюзанной свои сложные политические и философские теории. Вся его жизнь имела смысл лишь постольку, поскольку она носила характер ежедневной и беспрестанной борьбы с темными силами, первой из которых он считал большевизм. Он рассказывал Федорченко и Сюзанне сумбурные легенды, почерпнутые им, по его словам, из Талмуда, он знал наизусть фантастическую систему очень жестоких правил, которые руководят жизнью мирового еврейства, — и так как он был наивным человеком, то он твердо верил всякому вздору, который он когда-либо слышал или прочел. Его ограниченным умственным способностям мешала еще, помимо всего, феноменальная память, которой бесконечные сведения загромождали его голову. Он знал историю всех политических убийств, о которых он рассказывал с особенным удовольствием, точно так же, как причины этих убийств, биографии преступников, фамилии судебных следователей, их семейную жизнь, клички тюремных сторожей, этапы сибирских поселений и любовные приключения защитников, — словом, в его голове был целый неподвижный и зловещий мир, весь пропитанный террором и кровью. При этом он никогда в своей жизни не принимал активного участия ни в одном политическом деле и не причинил никому зла; но вся многолетняя работа его воображения и памяти заключала в себе, как анатомический театр или музей ужасов, бесконечную серию преступлений, изуверств и убийств. Медленное и заразительное его сумасшествие начало в те времена становиться заметным. Сюзанна боялась этого безобидного человека инстинктивно и бессознательно, как собаки боятся грозы, ей бывало не по себе в его присутствии, но она не смела ничего говорить из-за мужа, который с жадностью слушал рассказы Васильева, и лицо его багровело и наливалось кровью. У Васильева уже появились в те времена первые признаки мании преследования; он знал, по его словам, что за ним следили, иногда являлся в кепке и сером пальто — вместо синего пальто и шляпы, которые носил обыкновенно, — боясь, чтобы его не узнали; он бывал на всех политических собраниях, сидел в углу, никогда не выступал, так как присутствовал там, как он говорил, инкогнито. — Есть люди, которые дорого бы заплатили, чтобы узнать, кто я такой, — говорил он Федорченко. Словом, наступало то время в его жизни, когда наконец вся эта последовательность убийств, которую он столько лет носил в себе, весь этот безмолвный ужас его воображения должны были мгновенно всплыть и появиться перед ним во всем своем неотразимом многообразии, и это могло повести только к одному — альфа и омега всей этой трагической серии — к смерти. Но он был еще на полдороге к ней.

## Конец ознакомительного фрагмента

www.ingramcontent.com/pod-product-compliance
Lightning Source LLC
Chambersburg PA
CBHW010859090426
42738CB00018B/3445